आओ विवेकशील बनें

आओ विवेकशील बनें

डॉ. नरेंद्र दाभोलकर

अनुवाद
डॉ. अमोल पालकर

प्रधान सम्पादक
डॉ. सुनीलकुमार लवटे

समन्वयक सम्पादक
डॉ. चन्दा सोनकर

सार्थक
राजकमल प्रकाशन का उपक्रम

मनोविकास प्रकाशन द्वारा जनवरी, 2016 में प्रकाशित मूल मराठी पुस्तक *ठरलं... डोळस व्हायचंच* का हिन्दी अनुवाद

ISBN : 978-93-88933-64-3

मूल्य : ₹150

पहला संस्करण : 2019

सार्थक राजकमल प्रकाशन का उपक्रम

प्रकाशक
राजकमल प्रकाशन प्रा. लि.
1-बी, नेताजी सुभाष मार्ग, दरियागंज
नई दिल्ली-110 002

शाखाएँ
अशोक राजपथ, साइंस कॉलेज के सामने, पटना-800 006
पहली मंजिल, दरबारी बिल्डिंग, महात्मा गांधी मार्ग, इलाहाबाद-211 001
36 ए, शेक्सपियर सरणी, कोलकाता-700 017
वेबसाइट : www.rajkamalprakashan.com
ई-मेल : info@rajkamalprakashan.com

मुद्रक
बी.के. ऑफ़सेट
नवीन शाहदरा, दिल्ली-110 032

AAO VIVEKSHEEL BANEIN
by Dr. Narendra Dabholkar

Edited by Dr. Sunil Kumar Lavte

सुमन भाभी
श्रीमती सुमन देवदत्त दाभोलकर
महाविद्यालयीन जीवन में
आपका सुखकर एवं संस्कारपूर्ण सहवास मिला;
श्रद्धेय माई
श्रीमती सुधा गुंडोपंत तेंडोलकर
आपके कारण ही आजीवन कार्यकर्ता के रूप में मेरा
जीवन सफल हो सका
इस हेतु कृतज्ञतापूर्ण आभार...

मंतव्य

प्रस्तुत पुस्तक अख़बार के स्तम्भ लेखन रूप में तैयार हुई है। 'सकाळ' अख़बार में प्रति सप्ताह एक आलेख के रूप में इसका प्रकाशन हुआ है। पाठकों द्वारा पूछे गए प्रश्नों को मेरे दिए हुए जवाब इस प्रकार का इसका स्वरूप है। लेकिन ये प्रश्नोत्तर रूप में नहीं है। पत्र शैली में मैंने इसका लेखन किया है। जिस काल में यह लेखन हुआ और जो प्रश्न पूछे गए, उसकी एक मर्यादा है। इन पत्रों की पुस्तक प्रथमत: छाया प्रकाशन ने प्रकाशित की। उसे बहुत पसन्द किया गया। मनोविकास जैसी ख्यातिलब्ध प्रकाशन संस्था ने दूसरी बार इसे प्रकाशित किया यह भी सुखद घटना है। प्रस्तुत लेखन एक कार्यकर्ता का है। अत: इन विचारों को जितनी पुष्टि मिलेगी उतनी आन्दोलन की ताक़त बढ़ेगी ऐसी अपेक्षा करता हूँ।

पुस्तक की पांडुलिपि श्रीमती कुमुद करकरे ने अत्यन्त आत्मीयता से जाँचकर दी। उनके प्रति आभार व्यक्त करना उन्हें अच्छा नहीं लगेगा। इसकी निर्मिति हेतु जिन लोगों का सहयोग मिला उन सब के प्रति हार्दिक आभार।

—डॉ. नरेंद्र दाभोलकर

सम्पादकीय

डॉ. नरेंद्र दाभोलकर कृतिशील चिन्तक और कार्यकर्ता रहे हैं। उन्होंने अपना पूरा जीवन अन्धविश्वास उन्मूलन के संघर्ष हेतु समर्पित किया। वे आजीवन दो मोर्चे पर लड़ते रहे—समाज में प्रचलित अन्धविश्वासों के ख़िलाफ़ आन्दोलन और विज्ञानवादी दृष्टि से लेखन के ज़रिये उसे अभिव्यक्ति देना। डॉ. दाभोलकर आजीवन जागरण का कार्य करते रहे तथा लोगों में वैज्ञानिक दृष्टिकोण विकसित कर अज्ञान का अन्धकार दूर करते रहे। भारतीय समाज विवेकशील बने यह उनका सपना था। डॉ. नरेंद्र दाभोलकर की 'ठरलं डोळस व्हायचंच!' इस परिप्रेक्ष्य में एक महत्त्वपूर्ण पुस्तक है। प्रस्तुत पुस्तक डॉ. दाभोलकर जी के 'सकाळ' अख़बार में किए स्तम्भ लेखन का संकलन है। इसमें डॉ. दाभोलकर ने पाठकों द्वारा पूछे गए प्रश्नों के दिए उत्तर हैं लेकिन उनका स्वरूप प्रश्न-उत्तर का नहीं है। यह पत्रशैली का प्रयोग कर किया हुआ लेखन है। डॉ. दाभोलकर के मतानुसार यह एक कार्यकर्ता का लेखन है।

प्रस्तुत पुस्तक दरअसल युवाओं से किया हुआ संवाद है। डॉ. दाभोलकर यह जानते थे कि परिवर्तन की आधारशीला युवक ही है। इसी कारण उन्होंने प्रस्तुत पुस्तक में युवाओं के मन में आनेवाले अन्धविश्वास सम्बन्धी प्रश्नों का वैज्ञानिक ढंग से विवेचन प्रस्तुत किया है। इसमें वैज्ञानिकता का अत्यन्त सरल अर्थ हर एक घटना के पीछे होनेवाले कार्यकारण भाव को मानकर चमत्कारों के मूल अज्ञान को माना है। इस पुस्तक में भूत-प्रेत, ज्योतिष, सम्मोहन, पाखंड, सत्यनारायण, मुहूर्त, वास्तुशास्त्र समारोह, जनेऊ, चमत्कार आदि को लेकर विज्ञानवादी विचार अभिव्यक्त किए हैं। यह पुस्तक समाज में प्रचलित अन्धविश्वासों पर एक गम्भीर चिंतन है। इसके ज़रिये सत्य-असत्य की छानबीन

कर, सजग होकर विवेकशील बनने का सन्देश दिया है। प्रस्तुत पुस्तक संवाद-शैली में होने से उसमें पठनीयता और रोचकता आ गई है। इससे यह भी स्पष्ट होता है कि दाभोलकर जी का लेखन दैनिक जीवन के सामान्य विषयों को स्पर्श करता है। इसकी हर इकाई भ्रमित एवं अस्वस्थ मानसिकता को सही दिशा देकर वैज्ञानिक दृष्टिकोण प्रदान करने में सक्षम है। अन्धविश्वास का परदा हटाकर तथा परम्परागत कालबाह्य मान्यताओं को बदलकर नया ज्ञानाधिष्ठित समाज स्थापित करने के लिए यह पुस्तक दीपस्तम्भ की तरह कार्य करेगी इसमें सन्देह नहीं। भारतीय समाज की नई पीढ़ी को विवेकशील बनाने में यह पुस्तक महत्त्वपूर्ण होगी ऐसी आशा है।

प्रस्तुत पुस्तक के अनुवादक डॉ. अमोल पालकर और राजकमल प्रकाशन के प्रति आभार।

क्रम

आओ विवेकशील बनें

प्यारे युवा दोस्तो और सहेलियो,

आपके साथ वार्तालाप करते हुए बहुत अच्छा लगता है। ख़ुशियाँ तो होती ही हैं, साथ ही विश्वास का एहसास भी होता है। इक्कीसवीं सदी की दहलीज पर खड़े अपने देश की विवेकशीलता का चित्र मुझे बेचैन करता है। आपको भी करता होगा। अब्राहम कोवूर मूलत: भारतीय लेकिन बाद में वे श्रीलंका में बस गए। हमारे अन्धविश्वास उन्मूलन आन्दोलन के वे पितामह रहे। बचपन में वे एक बार बीमार पड़ गए। बहन बड़े प्यार से समय पर दवाएँ खिलाती और मस्तिष्क पर भस्म भी मल रही थी। छोटे अब्राहम ने पूछा, "दीदी, मुझे लगता है तुम्हारा कुछ तो ग़लत हो रहा है। केवल दवा दे दो या सिर्फ़ भस्म ही लगाओ! दोनों उपाय जारी रहे तो हमें कैसे पता चलेगा कि कौन सी चीज़ लागू हो गई?" इस प्रश्न को पूछे हुए एक सदी बीत चुकी है फिर भी बहुत से लोगों के मन में वह आज भी अनुत्तरित ही दिखाई देता है। नहीं तो जब प्रधानमंत्री के घुटनों की अत्याधुनिक पद्धति से शल्यक्रिया की जा रही थी तब उनके ठीक होने के लिए यज्ञकर्म हो रहा था, इसका अर्थ क्या लिया जाए? हाथ से भस्म, रुद्राक्ष, अँगूठियाँ आदि निकालने का साधारण-सा चमत्कार करनेवाले सत्यसाईं बाबा के पैरों पर विज्ञान-तंत्रज्ञान विभाग के केंद्रीय मंत्री महोदय को दंडवत करते हुए देखा जाना किस बात का लक्षण मानना चाहिए? यह इस बात का लक्षण मानना पड़ेगा कि हमने विज्ञान की सृष्टि को अपनाया परन्तु विज्ञान की दृष्टि को नहीं। इसे समझ लेना और मन में जगाना, व्यवहार में लाना ही प्रस्तुत लेखन का प्रयोजन है। विचार करना है, आँखों का परदा हटाना है और हाँ क्रान्ति करना भी ज़रूरी है तो आइए देखेंगे पहले प्रश्न की ओर—

प्रश्न कैसा यह तो प्रश्नमाला ही है। कैलास विलास दमामे (एस-7, सत्यम-बी अपार्टमेंट, सैनिकी स्कूल के पास, सदर बाज़ार, सतारा-415 001) जी का प्रश्न—

1. खग्रास सूर्य ग्रहण के दिन ग्रहण का पालन न करने पर क्या हानि होती है?
2. बाएँ हाथ से भगवान का प्रसाद लेने से कुछ अशुभ घटित होता है?
3. क्या कौआ सिर पर बैठ जाने से अशुभ घटित होता है?
4. क्या उल्लू का मुँह देखने से अशुभ और नेवले का मुँह देखने से शुभ घटना घटित होती है?
5. क्या आकाश में टूटता हुआ तारा देखने से अशुभ घटना घटित होती है?

ऐसे और आप जैसे युवा दोस्तों के मन में निर्माण होनेवाले इस प्रकार के अनगिनत प्रश्नों का एक ही उत्तर बिलकुल निश्चित और स्पष्ट है, 'कभी भी नहीं।' आप कहेंगे मैं इतनी दृढ़ता से किस आधार पर कहता हूँ? यह मेरा अन्धा अहंकार तो नहीं? बिलकुल नहीं, दोस्तो। अपने देश का संविधान मूलत: यह बताता है कि वैज्ञानिक दृष्टिकोण अपनाना अपना कर्तव्य है और वैज्ञानिक दृष्टिकोण का बिलकुल सरल-सहज एवं निश्चित अर्थ है—कार्यकारण भाव परखना। मानो रहस्य को उजागर करने की अद्‌भुत कुंजी वैज्ञानिक दृष्टिकोण कारण मनुष्य के हाथ लगी है। इसका मतलब है, हर कार्य के पीछे कारण होता ही है। यह कारण मनुष्य अपनी बुद्धि से समझ सकता है। सम्भव है, एकाध बार कारण (उदा. कैन्सर कैसे होता है) आज तक समझ में नहीं आया होगा लेकिन वह समझ जब आएगा तब केवल वैज्ञानिक दृष्टि से ही। आज या कल इतना ही सवाल है। उसके लिए जप-तप, यज्ञ-कर्म, पूजा-पाठ की ज़रूरत नहीं, उपयोग भी नहीं। आज तो यथार्थ ज्ञान प्राप्ति का यही सर्वाधिक सही मार्ग है।

इस कसौटी पर प्रश्नकर्ता दोस्त के पूछे हुए प्रश्नों की पाँचों घटनाएँ आप परख कर देखिए। बल्कि आप ख़ुद हिम्मत जुटाकर अनुभव लीजिए। आपको हर बार उत्तर मिलेगा—'ऐसा कुछ भी घटित नहीं होता' क्योंकि पूछे गए प्रश्न की किन्हीं भी दो घटनाओं में कार्यकारण सम्बन्ध नहीं है। खग्रास ग्रहण के दिन हमारे आन्दोलन की बहादुर महिलाओं ने ग्रहण का तो पालन किया ही नहीं

बल्कि इसके विपरीत गर्भवती महिला कार्यकताओं ने गली-चौराहे में जाकर छुरी से सब्जी काटी और ग्रहण में गर्भवती महिला ने सब्जी काटी तो जन्म लेनेवाला बालक नाक, होंठ, कटा हुआ पैदा होता है इस डर को झूठा साबित कर दिया। आप भी इस प्रकार के प्रयोग करो और हमें लिखो भी।

आपका विवेकसाथी
नरेंद्र दाभोलकर

जागो! भूत की विजय हो रही है

प्यारे युवा दोस्तो और सहेलियो,

पुणे विभाग से मुझे कुछ दिनों पूर्व प्राप्त पत्र का सन्देश इस प्रकार है––

'हमारे पड़ोस में ग़रीब परिस्थिति में पलनेवाली एक नाबालिग लड़की का विवाह हुआ। विवाह पश्चात कुछ ही दिनों में ससुरालवालों के अत्याचार असह्य होने के कारण वह मायके आ गई। पीछे-पीछे उसका पति भी आ गया। दोनों किराए के मकान में रहते हैं। नियमित आमदनी का कोई साधन नहीं है। हर गुरुवार को पड़ोस के दत्त मन्दिर में आरती शुरू होते ही उसके शरीर में भूत का संचार होता है। इस अवस्था में वह सिर ज़मीन पर पटकती रहती है। हलके से ज़ख़्म भी होते हैं। शरीर में भूत का संचार होने पर वह मर्दाना आवाज़ में बोलने लगती है। लोग कहते हैं कि उसे भूत-बाधा हुई है। मैं आपके क्रमशः प्रकाशित हो रहे आलेख पढ़ती हूँ। पुस्तकें भी पढ़ी हैं। इस कारण इन बातों पर बिलकुल ही विश्वास नहीं करती थी लेकिन जब प्रत्यक्ष देखती हूँ तो विश्वास करने को मन करता है। इस विषय पर मैंने दोस्तों-सहेलियों और बुज़ुर्गों से चर्चा की लेकिन उनके अनुसार यह सब सच है। मेरी माँ अनपढ़ है। मैंने आपको पत्र लिखा यह भी उसे पसन्द नहीं। उसे लगता है इस शक्ति का रोष मुझ पर हुआ तो? इस घटना को देखने के बाद मेरे मन में एक प्रकार का डर पैदा हुआ है। कृपया मेरी मदद कीजिए। अन्तःकरण से लगता है कि भूत से पीड़ित उस स्त्री के लिए कुछ-न-कुछ करना चाहिए।

दोस्तो, उपर्युक्त पत्र का अर्थ है, यह सब कुछ सच है कहनेवाले व्यक्तियों की शिक्षा निरर्थक है। इस सम्बन्ध में उन्होंने विज्ञान को व्यर्थ समझा है। उससे भी आगे बढ़कर वह एक शक्ति है ऐसा मानकर उसके बारे में बोलना भी नहीं

चाहिए, ऐसा एक डर पैदा किया है। अतः स्वयं की विवेक क्षमता ही ख़त्म हो जाने का भय पत्र लिखनेवाली युवती को लगता है। एक बात दिल को एहसास देनेवाली है कि सम्बन्धित स्त्री को मदद करने की इच्छा है और उसके लिए आह्वान किया गया है। आँखें खोलकर देखोगे तो पग-पग पर आपको ऐसी अभागिनी मिलेंगी। क्या हुआ है, इसे सजगता से सोचिए, समझिए। कम उम्र में, जब शरीर और मन दोनों वैवाहिक रिश्तों के लिए तैयार नहीं थे उस समय विवाह हो गया। अपरिचित रिश्ते, ससुराल के अन्याय, बार-बार के झगड़े इस कारण स्त्री के मन में तनाव बढ़ गया। मायके आकर भी इस समस्या का उपाय नहीं मिला। उस पर हमेशा की आर्थिक असुरक्षा। व्यक्ति के मन के दो हिस्से होते हैं। चेतन मन और अचेतन मन। चेतन मन की अपेक्षा अचेतन बहुत बड़ा और प्रभावी होता है। जीवन के सुख-दुख, आशा-निराशा सब के लिए उसमें जतन किया जाता है लेकिन यह विशाल अचेतन मन भी व्यथा-वेदनाओं से इस स्त्री के जैसा लबालब भरा हो तो? तो क्या होता है, यह देखने के लिए पूर्णतः भरे हुए बाँध का चित्र आँखों के सामने लाओ। बाँध लबालब भरने पर उसके दरवाज़े खोलकर ज़्यादा पानी बाहर छोड़ना ही पड़ता है। वरना बाँध टूट जाएगा। सब कुछ बरबाद हो जाएगा। बिलकुल इसी तरह स्त्री के मन में दुःख पूर्णतः भर गया है। देवी का संचार होना हो या भूत प्रक्रिया हो, इसमें ऐसा घटित होता है कि मन के अबोध स्तर पर अचेतन के दरवाज़े खुल जाते हैं। कुछ समय तक ख़ुद का मूल व्यक्तित्व खो जाता है। व्यक्ति अलग ही दिखने तथा व्यवहार करने लगता है। कुछ समय बाद सब कुछ पूर्ववत हो जाता है। ना देवी होती है ना भूत। अतः देवी का संचार या भूत की बाधा की बिलकुल सम्भावना नहीं है। होता यह है कि इस गूढ़ प्रक्रिया द्वारा वह औरत ख़ुद के मन का तनाव बाहर निकालती है। वेदनाओं का संचय कम करती है। प्रासंगिक मनोविघटन द्वारा असह्य तनाव से छिन्नविछिन्न हो रहे ख़ुद के मन को बचाती है। अर्थात् यह प्रक्रिया अबोध स्तर पर कुछ अनजाने में घटित होती है। किसी को भी यह प्रक्रिया पता न होने के कारण दत्त के दिन शरीर में संचार होना, स्त्री का ख़ुद को घुनना आदि ऊटपटांग परम्परागत रूप से दत्तात्रेय के सामनेवाले भूतगणों का सँवार माना जाता है। सच कहें तो यह व्यक्ति की प्रगाढ़ सम्मोहन अवस्था होती है। आरती के समय वातावरण निर्मिति, परम्परागत दत्त के स्थान सम्बन्धी समझ, ख़ुद के दुखों को दूर करने

की अत्यधिक इच्छा आदि कारणों से स्त्री सम्मोहन अवस्था में जाती है। वह सिर पटकती है परन्तु जितना सहनीय है उतना ही। इससे बड़ा ज़ख़्म नहीं होता या दिमाग़ को हानि नहीं पहुँचती। स्वेच्छा से सम्मोहन की सूचनाओं को आपने स्वीकार किया तो आपमें से किसी के भी शरीर में मैं भी 10 मिनट में किसी भी देवी अथवा भूत को ला सकता हूँ। यह मेरे कर्तव्य की पहचान नहीं। एकाग्रता से सूचनाओं को स्वीकार करनेवाले तुम्हारे मन का वह गुण है। लेकिन युवा दोस्तो, मेरे पास आए हुए पत्रों में से यह पत्र मुझे बहुत ही करुणाजनक और अस्वस्थ कर देनेवाला लगा था। मनोविज्ञान की, समाजसुधारकों की, मानवता की, आज के युवा की वह हार लगी। ध्यान में रखो वह स्त्री बिलकुल ठीक हो सकती है। लेकिन इसके लिए उस पर होनेवाले अत्याचार रोकने चाहिए। सहानुभूति से उसके साथ बातचीत करनी होगी। जितना सम्भव हो मदद करनी चाहिए। तनाव कम करनेवाली कुछ औषधियाँ देना सम्भव हो तो अच्छा है और मनोविकार तज्ञ के पास भेजना सम्भव हो तो और भी अच्छा है। युवा दोस्तो, आपको भूत इस कल्पना की समाज मान्यता भी तोड़ देनी चाहिए। इस हेतु मानवता का दृढ़ता से हाथ बढ़ाना होगा। इक्कीसवीं सदी है और भूत की विजय हो रही है। उठो! जागो!

आपका विवेकसाथी
नरेंद्र दाभोलकर

केवल विचार नहीं साथ में आचार भी ज़रूरी है

प्यारे युवा दोस्तो और सहेलियो,

गणेश विद्याधर महामुनि (सरस्वती, विवेकानन्द नगर, बारामती, ज़िला—पुणे), इनका सीधा प्रश्न है कि वैज्ञानिक दृष्टिकोण स्वयं के आचरण में लाने हेतु क्या-क्या प्रयास करने चाहिए?

सच कहें तो इस लेखन का प्रयोजन ही प्रस्तुत प्रश्न में है। मतलब वैज्ञानिक दृष्टिकोण दिखाने की नहीं स्वयं के आचरण में लाने की चीज़ है। हम हर क्षण विज्ञान का इतना उपयोग करते हैं कि हमें लगता है हम वैज्ञानिक दृष्टिकोण ग्रहण कर चुके हैं। हमें यह समझ लेना चाहिए कि विज्ञान का दैनिक कार्य में उपयोग करना और विचार-प्रणाली के साथ जीवन में उसको स्वीकार करना इसमें काफ़ी अन्तर है। वैज्ञानिक दृष्टिकोण स्वयं के आचरण में लाने हेतु हर समय कार्यकारण भाव समझ लेना ज़रूरी है। यह शोधक वृत्ति अपने समाज का स्थायी भाव नहीं है। शोधक बुद्धि होना मतलब हर बात में सजगता एवं समझदारी से प्रश्न उपस्थित करना। इसे हमारे यहाँ गहराई से नहीं देखा जाता। पाठशाला में छात्र-छात्राएँ अपने अध्यापकों पर प्रश्नों की बरसात करते रहते हैं। उनके मन में कई बातों के प्रति कुतूहल रहता है। जैसे कि सूर्योदय के समय आकाश में लालिमा क्यों छा जाती है? जुगनू रात को क्यों चमकते हैं? तितलियों में सैकड़ों रंग कैसे प्रगट होते हैं? ऐसे कई प्रश्नों को पूछकर वे अपने अध्यापकों को सताते रहते हैं (उन्हें सताना चाहिए)। लेकिन अध्यापक लोग बहुत ही होशियार रहते हैं। किसी भी कठिन गेंद का सामना करनेवाले सचिन तेंदुलकर जैसे वे भी अपनी विकेट गिरने नहीं देते। क्योंकि इस प्रकार कई प्रश्नों के उत्तर वे चार-पाँच शब्दों में ही देना जानते हैं और बच्चों के मुँह पर उसे मारते रहते हैं। बदमाश, भगवान

की तरह शान्ति से बैठो ! जिस समाज में भगवान चुप बैठना सिखाता है, उस समाज में मनुष्यों को प्रश्न पूछने के लिए सिखाना महत्त्वपूर्ण शर्त है। और हाँ, कल का भारत निर्माण करनेवाले युवाओं को यह ध्यान में रखना होगा कि प्रश्न पूछने का यह आशय हमें समाजविज्ञान में इस्तेमाल करना होगा। जैसे कि पढ़ाई के पश्चात और मेहनत की तैयारी होने के बावजूद भी बेरोज़गारी क्यों? सम्मान से जीवनयापन करने का कोई भी साधन क्यों नहीं मिलता? इस प्रकार के प्रश्न युवाओं को नियोजनकर्ताओं से दृढ़ता से पूछने चाहिए। साथ ही मायके में हों या ससुराल में, आपके साथ अगर समानता का व्यवहार नहीं किया जाता हो तो यह प्रश्न भी युवाओं को नियोजनकर्ताओं के सामने आग्रहपूर्वक रखना चाहिए।

वैज्ञानिक दृष्टिकोण आचरण में लाने हेतु केवल शोधकर्ता से काम नहीं चलेगा, साथ में निडरता और कार्यशीलता भी ज़रूरी है। विवेकशीलता से परखते समय जो भी सामने आएगा उसे निडरता से बताने की और हिम्मत से परिणामों का सामना करने की वृत्ति भी वैज्ञानिक दृष्टिकोण में अपेक्षित है। हर एक को अपनी विवेक बुद्धि की कसौटी पर कोई भी तत्त्व परख लेना चाहिए यह 400 साल पूर्व बतानेवाला सुकरात अपना आदर्श होना चाहिए। सत्य कहने के बदले में तत्कालीन समाज के नेताओं ने उन्हें ज़हर का प्याला पीने की सज़ा दी और सुकरात ने ख़ुशी से उसे स्वीकार किया। अत: दोस्तो ध्यान में रखो कि वैज्ञानिक दृष्टिकोण मतलब केवल विचार नहीं। आचरण भी है। इस आचरण को स्वीकार करना ही वैज्ञानिक दृष्टिकोण समाज में विकसित करने की सबसे बड़ी कसौटी है। कसौटी पर खरे उतरोगे ना?

आपका विवेकसाथी
नरेंद्र दाभोलकर

अक्ल का धुआँ, पैसों की राख

प्यारे युवा दोस्तो और सहेलियो,

'दीवाली त्योहार बड़ा नहीं ख़ुशियों में रोड़ा' इस प्रकार की ख़ुशियों की दहलीज पर आप खड़े हो। शरद ऋतु के मध्य आश्विन और कार्तिक के संधिकाल में दस दिशाओं को प्रकाशमान करनेवाला दीपोत्सव मतलब दीवाली। लगभग 2500 वर्ष पूर्व आरम्भ हो चुके इस त्योहार का भारतीय संस्कृति में विशेष महत्त्व है। प्रकाश, आनन्द, सन्तुष्टि, समृद्धि का उत्सव मतलब दीवाली। यह दीवाली पटाख़ों का उत्सव कैसे बनी? जो हो रहा है वह सही है या ग़लत? प्रश्न सुनकर बगल में दीवाली का एटमबम फूटने पर जैसे चौंक जाते हैं वैसे ही हुआ न? स्वाभाविक भी है क्योंकि आज दीवाली का स्वरूप प्रमुखता से आवाज़ की चकाचौंध वाला उत्सव बन चुका है। गोवत्स द्वादशी से भाईदूज तक पाँच-छः दिनों चलनेवाला यह त्योहार। दीप जलाना, आकाशदीप बाँधना, नए कपड़े ख़रीदना, दोस्तों के साथ मिठाई का आनन्द लेना, आँगन रंगोली से सजाना, शुभकामनाएँ पत्रादि से पहुँचाना, इस प्रकार की ख़ुशियों से भरे पर्व का नाम है दीवाली। धन, स्वास्थ्य, शान्ति मिलने हेतु प्रकाश देवता की पूजा करने का त्योहार। आगे चलकर इन सब में पटाख़ों ने कहीं पर घुसपैठ की। कान के पर्दे फाड़ देनेवाली आवाज़ का यह आनन्द (!) अब दीवाली तक ही सीमित है ऐसा नहीं। लाखों शादियों में और उतनी ही संख्या में होनेवाले चुनावों अथवा खेलों के पुरस्कार वितरण में पटाख़ों की चकाचौंध अब सामान्य हो चुकी है। अकेले पुणे में दीवाली के समय दस करोड़ के पटाख़े फोड़े जाते हैं। भारत में केवल दीवाली के बारे में विचार करें तो यह आँकड़ा पाँच सौ करोड़ तक पहुँच जाता है, और विवाह, चुनाव, आदि समय होनेवाली आतिशबाज़ी को ध्यान में

लिया जाए तो अक्ल का धुआँ और पैसों की राख करनेवाला यह आनन्द (!) प्रदर्शन का मार्ग लगभग हज़ार करोड़ के आस-पास पहुँचता है।

दीवाली की आतिशबाज़ी के कई प्रकार होते हैं। कुछ मन को आकर्षित करनेवाले होते हैं लेकिन भी थोड़ी-बहुत हानि करनेवाले भी होते हैं। पटाख़े और एटमबम के कारण तो केवल नुकसान ही पहुँचता है। आवाज़ का स्तर साठ डेसिबल के ऊपर अगर पहुँच गया तो मनुष्य को तकलीफ़ होती है। एटमबम, बड़े पटाख़ों का डेसिबल स्तर हमेशा सौ के ऊपर ही रहता है। इस ध्वनि प्रदूषण के कारण रक्तचाप में वृद्धि, चिड़चिड़ापन, मानसिक तनाव, श्रवणदोष आदि दुष्परिणामों की सम्भावना बढ़ती है। देर रात तक फोड़े जानेवाले पटाख़ों के कारण निद्रानाश होता है। छोटे बच्चे, वृद्ध, मरीज़ इनको घबराहट महसूस होती है। पढ़ाई में बाधा उत्पन्न होती है। कई पशु-पंछी डर के कारण तितर-बितर हो जाते हैं। सम्भवत: उनकी मृत्यु भी हो जाती है। लोग वाहन चलाते वक़्त आकस्मिक आवाज़ के कारण हादसों का शिकार हो जाते हैं।

पटाख़ों में मिश्रित रसायन, कार्बन मोनॉक्साइड, सल्फर डायऑक्साइड, मैग्नेशियम पेंटाक्साइड, नायट्रोजन ऑक्साइड आदि ज़हरीली वायु और मैग्नेशियम, सल्फर, फॉस्फोरस, कार्बन ट्रायनायट्रोटोल्यून आदि के धन कण वातावरण में फैल जाते हैं। इस कारण तथा ज़हरीली वायु के कारण अस्थमा, खाँसी, एलर्जी, सिरदर्द, दृष्टि मन्द होना, त्वचारोग, कर्करोग, उच्च रक्तचाप, मतिमन्दतस, मज्जातंतु पर असर आदि कुछ भी हो सकता है। क्षणिक आनन्द के लिए जानबूझकर बीमारियों को आमंत्रित किया जाता है। पटाख़े फोड़ना मतलब आग से खेलना ही है। पटाख़ों से आग लगना, शरीर जलना, सम्पत्ति एवं प्राणों की हानि होना आदि घटनाएँ प्रति वर्ष बढ़ती ही जा रही हैं। पटाख़ों के लिए काग़ज़ का इस्तेमाल किया जाता है, उसके लिए हज़ारों पेड़ काटे जाते हैं। पटाख़े फोड़ने के बाद काग़ज़ के चिथड़े हो जाते हैं; वह जलता है मतलब हज़ारों वृक्षों का क़त्ल करके पर्यावरण को हानि पहुँचाता है।

पटाख़ों के निर्माण के पीछे की करुणाजनक कहानी पता हो जाए तो बाती जलाने से पहले आप जैसे बहुसंख्यक युवा दस बार सोचेंगे। आपके कथित आनन्द के लिए बहुसंख्यक बाल मज़दूर पटाख़ों के कारखानों में परिश्रम करते रहते हैं। दम घोटनेवाले छोटे कमरे, ऊपर से शॉर्टसर्किट टालने हेतु बिजली का इस्तेमाल ही नहीं किया जाता। बिजली ही ना हो तो पंखा कहाँ से आएगा?

प्रात:काल जल्दी आना और सूरज ढलने पर लौट जाना, बारह-चौदह घंटों तक ख़ामोशी से काम करना। इतने समय में एक हज़ार पटाख़ों की 15-17 लड़ियाँ तैयार होती हैं। एक लड़ी की मज़दूरी तीन रुपये। दिन भर के केवल 40-50 रुपये। छोटे पटाख़ों की लड़ी बनाने के लिए छोटे नाज़ुक हाथों की ज़रूरत तो इस काम के लिए बच्चे भी बिलकुल छोटी उम्र के। छुट्टी, सहूलियत, सुरक्षा के नियम किसी का कुछ पता नहीं। खाने का समय काम ख़त्म होने पर।

युवा दोस्तो, बाल मज़दूर क़ानून के अनुसार यह सब गुनाह है। देश का संविधान कहता है इन बच्चों को सभी प्रकार की मदद देकर स्कूल में भेजो। लेकिन प्रत्यक्ष रूप में अपनी दीवाली रंग-बिरंगी आतिशबाज़ियों से सजी और बड़ी धूमधाम से हो इसलिए हम वास्तविकता को नज़रअन्दाज़ तो करते हैं। बढ़ावा भी देते हैं।

पटाख़ों की कान के पर्दे फाड़ देनेवाली आवाज़ के लिए और भी कई विकल्प हैं। लेकिन यह बात हमें ख़ुद समझ लेना ज़रूरी है। यह बात अपने मित्रों, घर-परिवार के भाइयों को भी समझानी होगी। पटाख़े न फोड़ने के कारण बचे हुए पैसों से अच्छा काम किया जा सकता है। धीरज, चतुराई, होशियारी, ईमानदारी की आदतें बनाने हेतु कहानियों की पुस्तकें ख़रीदी जा सकती हैं। वैज्ञानिक खेलों का आयोजन किया जा सकता है। चमत्कार करने की कलाएँ सीखी जा सकती हैं। बच्चों को अच्छे काग़ज़, पेन्सिल, रंग देकर आकाशदीप से लेकर ओरिगामी जैसा बहुत कुछ किया जा सकता है। छोटे किले बनाए जा सकते हैं, सफ़र पर जा सकते हैं और हाँ इसके साथ ही आपके अन्दर संवेदनशील व्यक्ति अगर ज़िन्दा हो तो जिनके जीवन में अच्छी दीवाली कभी आती ही नहीं ऐसे जूते पॉलिश करनेवाले, होटल में काम करनेवाले, काग़ज़-कूड़ा उठानेवाले, दुर्भाग्य से गूँगे-काने, अपाहिज, निराधार बने अपने छोटे भाई-बहन आपको मिलेंगे, उनके लिए कुछ कीजिए। उनके भी जीवन में दीवाली की रोशनी फैले इस हेतु पटाख़ों के बचे हुए इन पैसों से अगर कुछ कर सकें तो मिलनेवाला आनन्द दुर्लभ है। आपने क्या किया? ज़रूर लिखिए, प्रतीक्षा में हूँ।

आपका विवेकसाथी
नरेंद्र दाभोलकर

न होनेवाली छठी इंद्रिय

प्यारे युवा दोस्तो और सहेलियो,

अंबादास कानडे युवक का पत्र प्राप्त हुआ। उसने लिखा है, उसका प्रश्न कई युवाओं का प्रातिनिधि प्रश्न है ऐसा माना जाए। पत्र का आशय इस प्रकार है—'अन्धविश्वास, आडंबर, चमत्कार, भूत, देवी का संचार होना आदि बातों पर विवेकशील बनो' अख़बार के स्तम्भ लेखन में इस पर अच्छी तरह से प्रकाश डाला गया है। इस आधार पर मैं स्वयं तथा औरों के जीवन में वैज्ञानिक दृष्टिकोण निर्माण करने का प्रयत्न करता हूँ। लेकिन मेरा एक अलग ही प्रश्न है। मैंने 'एच.बी.ओ.' अंग्रेज़ी फ़िल्म चैनल पर एक पिक्चर देखी। पिक्चर का नाम था 'द सिक्स्थ सेन्स'। प्रस्तुत पिक्चर के नायक के बच्चे में छठी इंद्रिय रहती है। भविष्य की घटनाएँ उसे स्पष्ट रूप में दिखाई देती हैं। मेरा ऐसा सवाल है कि क्या सचमुच मनुष्य में इस प्रकार की छठी इंद्रिय होती है? क्या भविष्य में घटित होनेवाली घटनाएँ उसे दिखाई देती हैं?

आशंका ठीक ही है और कई लोगों के मन में है। हमें जो ज्ञान प्राप्त होता है वह अपनी पंच ज्ञानेद्रियों के द्वारा। संवेदनाओं का एहसास होना और उसके द्वारा सम्बन्धित वस्तुस्थिति की जानकारी मिलना यह ज्ञानप्रक्रिया का स्वरूप होता है। लेकिन मनुष्य को हमेशा लगता है कि ज्ञान प्राप्त करने के लिए इन ज्ञात क्षमताओं से परे भी कोई अद्‌भुत क्षमता मनुष्यों में होती है। कुछ विशिष्ट व्यक्तियों में तो वह होगी ही लेकिन इसे चमत्कार नहीं कहना होगा। एकाध व्यक्ति की छह उंगलियाँ होती ही हैं ना? इसे हम अपवाद रूप में वास्तव में मानते हैं। वैसे ही कुछ व्यक्तियों में ऊपरी तौर पर अद्‌भुत लगनेवाली लेकिन अस्तित्व में रहनेवाली शक्ति होती है। अथवा किसी भी व्यक्ति में वह कभी-कभी एकाध

विशेष उत्कट प्रसंगों के समय से प्रकट हो सकती है। उदाहरण के रूप में बच्चा स्कूल की सैर पर जाता है। चार दिन बाद उसका वापस लौटने का समय आ जाता है, और ठीक इसी समय माँ सोचती है मेरा बच्चा सकुशल वापस नहीं आएगा। किसी हादसे का शिकार हो जाएगा। दुर्भाग्य से बच्चे की बस का हादसा हो जाता है, और उसका ही बच्चा घायल हो जाता है। दुखी माँ मिलने के लिए आनेवाले हर एक से कहती रहती है कि न जाने कैसे मुझे बार-बार लग रहा था कि कुछ तो भला-बुरा होनेवाला है। माँ के मन को मिली हुई यह सूचना छठी इंद्रिय के द्वारा प्राप्त हुई ऐसा माना जाता है।

युवा दोस्तो, आपको दृढ़ता से और निश्चित रूप से यह स्वीकार करना चाहिए कि इस प्रकार की कोई अद्‌भुत शक्ति होती ही नहीं। क्या इस प्रकार कोई शक्ति होती है, इसे ढूँढ़ने हेतु दुनिया भर में अनेकों ने शास्त्रीय अध्ययन किया। उसमें से किसी की भी कसौटी में इस प्रकार की शक्ति को निर्णायक पुष्टि नहीं मिली। इस प्रकार की शक्ति के अस्तित्व पर विश्वास करनेवाले लोग सामान्य रूप से उसके अस्तित्व के चार प्रकार मानते हैं। पहला, 'प्रिकॉग्निजन'। मतलब भविष्यकाल में होनेवाली घटनाओं की आहट पहले ही लगती है। दूसरा प्रकार, 'क्लेरवायन्स'। इसमें घटित हो चुकी घटनाएँ स्वयं की दिव्य दृष्टि से इस शक्ति को प्राप्त व्यक्ति को स्पष्ट रूप से दिखाई देती हैं। मतलब चोरी की घटना हो जाती है और इस प्रकार की शक्ति प्राप्त व्यक्ति चोर कहाँ से आया, उसका चेहरा, कपड़े, उसने चोरी कैसे की, बाद में वह कहाँ गया इस सत्य का वर्णन कर सकते हैं। 'टेलिपैथी' और एक ऐसा ही प्रकार है। यह शक्ति प्राप्त मनुष्य स्वयं के मन का विचार स्पन्दनों के द्वारा बिना किसी साधन दूसरे व्यक्ति के मन तक पहुँचा सकता है। लेकिन दूसरे व्यक्ति में इस प्रकार के स्पन्दनों को स्वीकारने की शक्ति होनी चाहिए। अर्थात् यह बात भी समझनी होगी कि 'सायकोकायनेसिस' में व्यक्ति इच्छाशक्ति के आधार पर भौतिक बल लगाकर उसके परिणाम दृश्य दिखा सकता है। यूरी गेलर इस सन्दर्भ में कुछ साल पहले का विश्वप्रसिद्ध नाम है। नज़र की एकाग्रता से वह बन्द घड़ी को शुरू करता था और गाड़ी की चाभी को टेढ़ा करके दिखाता था।

दोस्तो, सुनते और पढ़ते समय सब कुछ अद्‌भुत और रोमांचकारी लगता है। लेकिन ध्यान में रखना होगा कि इनमें से एक भी घटना कोई भी निर्विवाद रूप से सिद्ध नहीं कर सका है। विश्व में छठी इंद्रिय का अध्ययन करनेवाली

अनेक संस्थाएँ स्थापित हुई हैं और आज भी अस्तित्व में हैं लेकिन उनमें से कोई भी इस सम्बन्ध में निर्णायक सबूत नहीं दे पायी है। साथ ही विश्व के किसी भी विश्वविद्यालय ने इस प्रकार की छठी इंद्रिय की शक्ति को स्वीकृति नहीं दी है। भविष्य में घटित होनेवाली घटनाओं की आहट पहले ही लगती है, इस प्रकार का दावा करनेवालों पर गम्भीर आशंका होनी चाहिए। क्योंकि इससे यह सूचित किया जाता है कि भविष्य काल पहले से ही मानव के अस्तित्व में रहता है। सामान्य व्यक्ति उसे देख नहीं सकता लेकिन दैवी शक्ति प्राप्त पुरुष अथवा छठी इंद्रिय प्राप्त व्यक्ति को इस प्रकार की अलौकिक शक्ति प्राप्त होती है। इसका मतलब यह हुआ कि पहले से ही भविष्य निश्चित हो चुका होने से मनुष्य पराश्रित है। वह भविष्य निर्धारित करनेवाली नियति के हाथ का खिलौना है। हमें यह कभी भी स्वीकार नहीं करना चाहिए। बच्चे के सफ़र पर जाने के बाद हर एक बच्चे के अभिभावक के मन में उसके वापस लौटने तक एक अथवा कई बार यह विचार आता ही है कि 'मेरा, बच्चा सकुशल लौटेगा न? वह किसी हादसे का शिकार तो नहीं होगा न?' बहुत बार कुछ होता ही नहीं। कभी-कभी हादसा हो जाता है और फिर बच्चे के बारे में स्वाभाविक चिंता के कारण मन में उत्पन्न हो चुके विचार छठी इंद्रिय द्वारा पहले ही सूचित किए गए थे ऐसा माना जाता है। मनुष्य के दिमाग़ की विलक्षण क्षमता का आकलन आज भी बहुत अधूरा है। कल अनुसंधान से कुछ नया ही सिद्ध हुआ तो? ध्यान में रखो सिद्ध हुआ तो कोई भी बात स्वीकारने की नम्रता विज्ञान में है। लेकिन कम से कम आज तो छठी इंद्रिय होने की सम्भावना का सबूत नहीं मिलता है। आपको कोई इस प्रकार का दिखाई दे तो ज़रूर लिखें। उसकी जाँच करने के लिए हम उत्सुक हैं।

आपका विवेकसाथी
नरेंद्र दाभोलकर

भूली हुई विरासत

प्यारे युवा दोस्तो और सहेलियो,

फ़िलहाल 'पाखंडी बाबा का विरोध एवं चमत्कारों का सत्यशोधन' अभियान में मैं महाराष्ट्र के भ्रमण पर हूँ। हमारे तीन संगठन हैं। हर दिन कुल नौ-दस कार्यक्रम होते हैं। कभी कॉलेज में, कभी महिला मंडल में, कभी स्कूल में। लेकिन गाँव में एक विशाल प्रकट सभा करने का हम प्रयत्न करते ही हैं। नतीजा भी अच्छा है। मिरज गाँव के किसान चौक में ऐसी ही एक विशाल सभा हुई। ख़ुद को हिन्दू हित-रक्षक कहलानेवाला एक गुट सभा में आया था। सभा असफल हो इस हेतु उसके लोगों ने ऊँची आवाज़ में 'ओम नमः शिवाय' का जप आरम्भ किया। उन्हें लगा था सभा तितर-बितर हो जाएगी लेकिन बड़े जनसमुदाय ने उन्हें बिलकुल अनदेखा किया। यह चाल असफल होने पर उन्होंने नया खेल खेला। नरेंद्र महाराज रचित नरेंद्र लीलामृत में उद्धृत कथित चमत्कार और सत्यसाईं बाबा के चमत्कार के दावों पर हमारे कार्यकर्ताओं ने बोलना आरम्भ किया तो ये लोग मंच पर आ गए। उन्होंने कहना शुरू किया नरेंद्र महाराज, सत्यसाईं बाबा ये सब सन्त महात्मा हैं। उनके बारे में कैसे बोल सकते हो? महाराष्ट्र में महान सन्तों की परम्परा है। इस कारण उनका अपमान हो रहा है। हमें फिर महाराष्ट्र के सन्तों की और समाजसुधारकों की परम्परा के बारे में मंच पर से सुनाना पड़ा। विशेष बात यह कि भीड़ को भी यह बात बिलकुल सच लगी। अतः सोचा कि आपको भी उस भूली हुई विरासत की याद दिलाएँ।

सन्त ज्ञानदेव ने कहा था, 'ये अविवेकाची काजळी। फेडूनिया विवेक दीप उजळू'। अर्थात् विवेक का दीप हर एक के अन्तःकरण में है ही। उस पर अज्ञान की, अन्धविश्वास की, अविवेक की कालिख़ जमा हो जाती है। उसे खुरचकर

दूर करें और निरामय नैतिकता का विवेक दीप प्रकाशित करें। इसके अलावा अन्धविश्वास उन्मूलन समिति की माँग भी क्या है?

साढ़े तीन सौ वर्ष पहले सन्त तुकाराम ने निडरता से लिखा है,

ऐसे कैसे झाले भोंदू। कर्म करोनी म्हणती साधू॥
अंगा लावूनिया राख डोळे झाकून करिती पाप॥
दावून वैराग्याच्या कळा भोगी विषयाचा सोहळा॥
तुका म्हणे सांगू किती जळो तयांची संगती॥

अर्थात् सन्त तुकाराम कहते हैं कि 'वे तो पाखंडी हैं, जो कर्मकांड करके ख़ुद को साधु कहलाते हैं। शरीर पर राख लगाकर आँखें मूँदकर पाप करते हैं। दूसरों को वैराग्य सिखाकर ख़ुद उपभोग लेते हैं। अत: ऐसे लोगों से दूर रहना ही अच्छा है।' इस प्रकार पाखंड को दूर रखने का प्रभावी मार्ग ही सन्त तुकाराम ने स्पष्ट किया है। लेकिन आज ठीक इससे उलटा हो रहा है। इनसे दूर रहने के बजाय इनका संग प्राप्त करने के लिए ही अधिकतर लोग प्रयास कर रहे हैं। इसमें युवा, पढ़े-लिखे, वैज्ञानिक किसी का भी अपवाद नहीं है। तथाकथित श्रद्धालु, धूर्त राजनेता, इनके बारे में बात न करना ही अच्छा है लेकिन बोलना तो पड़ेगा ही। फिर इसका बेहतर इलाज ढूँढ़ा जाता है, 'आपको फलाँ जाति के, धर्म के बाबा कैसे दिखाई नहीं देते? केवल इसी धर्म के और इसी जाति के ही बाबा कैसे दिखाई देते हैं?' अब इस कर्म को क्या कहें? अन्धविश्वास मतलब श्रद्धा के क्षेत्र में किया जानेवाला काला बाज़ार है। पाखंडी बाबा इस बाज़ार के व्यापारी हैं। क्या ऐसे काले व्यापारियों की जाति, धर्म देखने की प्रथा है?

महात्मा फुले जी के 'शेतक-यांचा असूड' इस मराठी ग्रंथ का मार्मिक विवेचन देखिए—'एकाध ख़ूबसूरत जवान को (अपने मतलब के लिए) साधु बाबा बनाकर, और ताल-मृदंग की धुन में बड़े प्यार से 'राधा-कृष्ण-राधा' कहते हुए नर्तक के समान अभिनय कराके दर्शन लेने हेतु आनेवाली सधन परिवार की विधवा-अबलाओं को वश में करके अपना स्वार्थ पूरा कर बड़ी ऐयाशी करते हैं। एकाध अधपगले नशाबाज़ को बागलकोट का स्वामी बनाकर, लोगों से उसके बार में विभिन्न प्रकार की झूठ-मूठ की बातें कहकर स्वामी के दर्शन हेतु ले जाकर उनको लूटते हैं।'

आज के कथित पाखंडी, बाबा, सन्त, महंत, स्वामी, महाराज क्या इन पर निकष नहीं लगाना चाहिए?

महाराष्ट्र में प्रबोधन पत्रकारिता की लंबी परम्परा है। आन्दोलन के लिए वह गर्व एवं आदर का विषय है। एक समय पूरे महाराष्ट्र को प्रभावित करनेवाली 'किर्लोस्कर' पत्रिका ने साठ साल पहले निडरता से लिखा था, 'परमार्थ, मोक्ष, ईश्वर प्राप्ति, साक्षात्कार आदि झूठी धर्मकल्पनाओं ने हमारे समाज को इतना बुरी तरह चंगुल में फँसा लिया है कि सामाजिक शरीर पर बाबाओं और महाराजों के गलगंड नहीं उठे तो आश्चर्य ही है। भक्ति, पाप, पुण्य, स्वर्ग-नरक ये तो बाबाओं के ख़ास हथियार हैं। किसी भी बाबा के पास हमें नरक में डालने की शक्ति का होना सम्भव नहीं है, क्योंकि स्वर्ग, नरक ये स्थान ही काल्पनिक हैं। इसी प्रकार व्यक्ति के पाप क्षालन और पुण्य का संवर्धन करने का सामर्थ्य भी किसी बाबा या महाराज के पास होना सम्भव नहीं है। पाप-पुण्य की ज़िम्मेदारी स्वयं पर निर्भर है। इस सम्बन्ध में किसी भी प्रकार की दलाली निरर्थक है। जो इस प्रकार की दलाली करता है वह या तो अत्यन्त मूर्ख अथवा धोखेबाज़ होता है। कोई बाबा अपने पापों को क्षण में भस्म करके हमें ईश्वर के चरणों के पास पहुँचाएगा यह कल्पना बिलकुल ही पागलपन की है।

युवा दोस्तो, वास्तविक रूप से हमारी इतनी समृद्ध परम्परा है कि पाखंडी बाबा संघर्ष आन्दोलन की महाराष्ट्र में ज़रूरत ही नहीं होनी चाहिए थी। लेकिन हम उस परम्परा को भूल रहे हैं। आप जैसे युवाओं को तो मन ही मन यह संकल्प करना चाहिए कि मैं इस परम्परा को सुरक्षित रखूँगा, संवर्धित करूँगा, इस हेतु संघर्ष करूँगा। इसमें ही आपके यौवन की सफलता है।

आपका विवेकसाथी
नरेंद्र दाभोलकर

श्री गणेश जी का स्मरण करके आग्रह करो

प्यारे युवा दोस्तो और सहेलियो,

गणेशोत्सव को विधायक स्वरूप आने हेतु एक बहुत बड़ी आश्वासक घटना घटी। 'सकाळ' अखबार ने इस उद्देश्य से एक व्यापक बैठक का आयोजन किया था। मेयर, कुलपति, पुलिस आयुक्त और बहुत से सम्माननीय व्यक्ति इस बैठक में उपस्थित थे। बैठक का प्रामाणिक और स्पष्ट सन्देश महाराष्ट्र में सर्वत्र पहुँच गया। गणेशोत्सव को विधायक स्वरूप देने हेतु प्रयत्न करनेवाले हमारे जैसे कई लोगों को उससे बहुत बड़ा उत्साह और बल मिला। एक छोटा सा उदाहरण देता हूँ। शिराला तहसील समिति के कार्यकर्ता अपने तहसील की छोटी बड़ी-बस्तियाँ एवं गाँव-गाँव गए। उनका अनुभव उम्मीद बढ़ानेवाला था। दुरेंदेवाड़ी, औंढी भटवाड़ी, करमाला, मानकरवाड़ी इन छोटी-छोटी बस्तियों और गाँवों से बहुत देर से सम्पर्क हुआ था। इसके बावजूद हर एक ने अपनी ओर से एक क़दम आगे बढ़ाया। एक ने जुलूस के लिए लगाया चार हज़ार का बैंड रद्द कर दिया। दूसरी तरफ़ दो मंडलों ने इकट्ठा आकर साझा बैंड लगाने का निश्चय किया।

जिन्होंने गणेश मूर्ति अभी तक निश्चित नहीं की थी उन्होंने गाँव के कुम्हार से लेने का निर्णय लिया और वह भी वनस्पति के रंगों से रंगाई मूर्ति स्थापित करना तय किया। एक गाँव ने साजसज्जा पर होनेवाला ख़र्च कम करने का तथा फ़िल्मी गीतों को उत्सव में स्थान न देने का निर्णय लिया। एक स्थान पर 'एक गाँव में एक ही गणेश' बिठाने का निर्णय हुआ। अस्सी घरों की दुरेंदेवाड़ी के लोगों ने सोचा हमें घर-घर स्वतंत्र गणेश चाहिए ही क्यों? हम सब मिलकर एक ही गणेश गाँव में बिठाकर उसका ही उत्सव बड़ी धूम-धाम में करेंगे। इस्लामपुर

में एम.डी. पवार चौक में चौक के नाम से ही बिठाए जानेवाले गणेशोत्सव मंडल ने तो कमाल ही किया। वैसे इस मंडल में स्वेच्छा से ही चन्दा देने की परम्परा थी। इस साल भी उन्होंने हर साल की तरह 15 से 20 हज़ार चन्दा इकट्ठा किया लेकिन बाद में उन्होंने सोचा कि गणेशोत्सव तो हर जगह बड़े उत्साह में हो रहा है। तो हम फिर वही शामियाना, वही मूर्ति, वही सजावट और वैसा ही सब कुछ करने की अपेक्षा वह राशि अपने क्षेत्र के सामाजिक कार्य हेतु इस्तेमाल करें तो? और उन्होंने गणेश मूर्ति न बिठाने का निर्णय लिया। लेकिन सांस्कृतिक उत्साह और विधायक उपक्रम कायम रखे। और हाँ, इन सब स्थलों पर एक संकल्प हुआ कि गणेश जी के जुलूस में कोई भी शराब पीकर नहीं नाचेगा। साथ ही इन दस दिनों में गाँव में भी किसी को शराब पीने नहीं देंगे।

'सकाळ' द्वारा पूजा में आयोजित बैठक में पुलिस उपायुक्त ने बताया कि गणेश विसर्जन का जुलूस बहुत देर तक चलता है, वजह यह है कि गणेशोत्सव के कार्यकर्ता शराब पीकर बेहोश होकर नाचते रहते हैं। जुलूस जल्दी-जल्दी आगे बढ़े यह उन्हें अच्छा नहीं लगता। वास्तविक रूप में यह बात उनके दिमाग़ तक पहुँचती ही नहीं। वे इस भ्रम में होते हैं कि आस-पास की भीड़ उनके मद्यपान के उपरांत हो रहे नृत्य को ही देखने आई है। इस अवसर पर किसी भी कार्यकर्ता को क़ैद करना मुश्किल होता है, क्योंकि तत्पश्चात सभी मंडलों के कार्यकर्ता भ्रातृभाव (!) से रास्ते पर ही बैठ जाते हैं और स्थिति और गम्भीर हो जाती है। पुलिस उपायुक्त का कहना था कि अगर जुलूस में मद्यपान से धुत कार्यकर्ता पुलिस को मिलता है तो वे सब की सुविधा हेतु उसे बाजू कर देंगे, उस पर मुकदमा दायर नहीं करेंगे। लेकिन उसे जुलूस से दूर करने की ज़िम्मेदारी मंडल को लेनी चाहिए।

दोस्तो, यह सब सुनकर बहुत बुरा लगा। गणेशोत्सव बुद्धि के देवता और श्री गजानन का समारोह। इसी बुद्धि से मनुष्य विवेक की निर्मिति करता है। विवेक को सम्पूर्ण प्राणी जगत में केवल मनुष्य ही उत्क्रान्ति के प्रदीर्घ काल में बड़े प्रयत्नों से प्राप्त कर सका है। मनुष्य को मानवता देनेवाली विवेक की यह अनमोल विरासत, शराब एक क्षण में नष्ट कर देती है। मनुष्य को बन्दर बनाती है। पीनेवाला व्यक्ति, अपने परिवार, अपने समाज और अपने राष्ट्र सबको बरबाद कर देता है। शौक़ के तौर पर शराब पीनेवाले सौ लोगों में से कम से कम पन्द्रह लोग भविष्य में बेवड़े और शराबी बन जाते हैं। जीवन तबाह करनेवाले मार्ग

पर निश्चित तौर पर जाते हैं। सभी धर्मों ने मद्यपान का तीव्र विरोध ही किया है। हिन्दू धर्म ने तो किया ही है। मद्यपान के भीषण परिणामों का एहसास होने के कारण एक समय 'द्राक्ष' संस्कृति का ख़ुशी से पालन करनेवाला फ्रांस जैसा राष्ट्र संकल्प लेकर समाज में मद्यपान करने वालों का प्रतिशत कम कर रहा है तो दूसरी ओर रुद्राक्ष संस्कृति का गर्व करनेवाले हम अपने धार्मिक उत्सव में, विशेष रूप से बुद्धि के देवता के उत्सव में शराब पीकर नाच रहे हैं। इस बात की हर एक को शरम होनी चाहिए और ग़ुस्सा भी आना चाहिए। किसी की ग़लती से अथवा समाज विरोधी व्यक्तियों के कारण गणेश मूर्ति को थोड़ा-सा भी नुकसान पहुँचा तो समाज आपे से बाहर हो जाता है। उसे गणेश की पवित्रता का वह अपमान लगता है। इतनी संवेदनशीलता से ईश्वर की पवित्रता को माननेवाला अपना समाज-मन गणेश विसर्जन में मद्य का मुक्त उपयोग करने में इतना निर्लज्ज क्यों और कैसे बनता है? लेकिन दोस्तो, फ़िलहाल मैं उस समाज को दूर रखता हूँ। आज सीधा मैं आपसे ही सवाल करता हूँ। आपको अगर मद्यपान करना पसन्द नहीं होगा बल्कि पसन्द नहीं है यह मानकर ही कहता हूँ कि अपनी युवाशक्ति का रौब आप उन पर क्यों नहीं जमाते? हम जिन्हें चन्दा देते हैं ऐसे कुछ मंडल होते हैं। आप उनमें शामिल होते हैं। इन सब जगहों पर दृढ़ता से कहो कि गणेश जी के जुलूस में शराब पीकर कोई भी हरगिज नहीं आएगा। पुलिस की क्या ज़रूरत है? हम ही उसका हाथ पकड़कर उसे जुलूस से बाहर निकालेंगे। गणेश जी की पवित्रता बनाए रखेंगे। विसर्जन के दौरान इस संकल्प का प्रसार करो। संगठन करो और इकट्ठे होकर, निर्भयता से, हिम्मत से अपनी-अपनी ताक़त लगाकर गणेश विसर्जन के जुलूस की पवित्रता को कायम रखो। आपका यह व्यवहार ही गणेश जी द्वारा आपको दी हुई बुद्धि का परिचय है और समाज निर्माण हेतु जिन पर भरोसा किया जा सकता है ऐसी आपकी जवानी का भी लक्षण है। अत: आगे बढ़ो! क्या किया, कैसे किया, क्या हुआ यह बतानेवाले आपके पत्र का इन्तज़ार है।

आपका विवेकसाथी
नरेंद्र दाभोलकर

फल ज्योतिषशास्त्र की अशास्त्रीयता

प्यारे युवा दोस्तो और सहेलियो,

गजानन गोपालकृष्ण पंडित, गाँव दुसाणे, तहसील साक्री, ज़िला धुलिया। इन्हें सतानेवाला प्रश्न शायद आप जैसे कई लोगों के मन में भी आता होगा। प्रश्न इस प्रकार है कि ज्योतिष विषय विश्वविद्यालय में पढ़ाया जानेवाला है, यह कहाँ तक उचित है? क्या ज्योतिषशास्त्र का कुछ वैज्ञानिक दृष्टिकोण है?

वैदिक ज्योतिष यह विषय ज्योतिर्विज्ञान नाम से विश्वविद्यालय में पढ़ाया जाए, इस प्रकार की सिफ़ारिश विश्वविद्यालय अनुदान आयोग के अध्यक्ष हरि गौतम ने की। स्वाभाविक रूप से इस बारे में विवाद उत्पन्न हुए। विश्वविद्यालय में यह विषय पढ़ाना किसी भी अर्थ में उचित नहीं, यह अन्धविश्वास उन्मूलन समिति का दृढ़ मत है ही लेकिन इस बहाने से दो अच्छी बातें हो गईं। पहली, महाराष्ट्र के सभी विश्वविद्यालयों के कुलपतियों ने यह विषय महाराष्ट्र के विश्वविद्यालयों में पढ़ाने से साफ़ इनकार कर दिया और दूसरी बात, महाराष्ट्र के उच्च शिक्षा विभाग के मंत्री महोदय ने विश्वविद्यालय अनुदान आयोग को इस सम्बन्धी अपना विरोध स्पष्ट रूप में दर्शाया। नया विषय शुरू ही करना हो तो वह पानी नियोजन से सम्बन्धित हो इस प्रकार की सूचना भी दी। इन कारणों से फल ज्योतिष यह विषय विश्वविद्यालयों में पढ़ाना उचित नहीं है यह हो गया।

यह विरोध इस कारण है कि फल ज्योतिषशास्त्र को स्वीकृति देना बिलकुल उचित नहीं है क्योंकि वैज्ञानिक दृष्टिकोण की किसी भी कसौटी पर इस कथित शास्त्र ने स्वयं को प्रमाणित नहीं किया है। दिल्ली से गली तक सभी लोग ज्योतिष देखते हैं अथवा ज्योतिषशास्त्र का कुछ हज़ार वर्षों का इतिहास है। इस कारण फल ज्योतिषशास्त्र कोई शास्त्र है यह प्रमाणित करने में बिलकुल मदद नहीं

होती। शास्त्र के रूप में एकाध बात सिद्ध होने के लिए उसे किस प्रकार जाँच लिया जाए इस सन्दर्भ में विश्व भर में कई निकष ज्ञात हैं। युवा दोस्तों के लिए मैं आह्वानपूर्वक कहता हूँ कि इनमें से एक भी निकष के सन्दर्भ में अब तक कोई भी निश्चित समर्थन फल ज्योतिषशास्त्र के समर्थक नहीं दे सके हैं। सच कहा जाए तो विश्वविद्यालय अनुदान आयोग द्वारा उनके अनुकूल सिफ़ारिश करने के बाद ये लोग प्रमाणीकरण की कसौटी के लिए तैयार हो जाएँगे ऐसा लगा था लेकिन वैसा हुआ नहीं। फल ज्योतिषशास्त्र क्यों नहीं है इस बारे में वृत्तपत्र में क्रमशः स्तम्भ लेखन होना चाहिए। कुछ साल पहले सतारा में अखिल भारतीय ज्योतिष महामंडल का अधिवेशन हुआ। स्थानिक स्तर पर हमने उन्हें वृत्तपत्र के माध्यम से उनके शास्त्र के बारे में हर दिन एक प्रश्न पूछा। उनके उत्तर के साथ वह छापने की सम्पादक महोदय ने तैयारी दिखाई। संयोजकों से प्रत्यक्ष मिलकर हमने वैसी विनती भी की लेकिन उन्होंने इसका उत्तर कुछ इस प्रकार दिया, 'हमारे महामंडल ने इस प्रकार निर्णय लिया है कि, अन्धविश्वास उन्मूलन के लोगों को उत्तर ही नहीं देना है।' वैज्ञानिक दृष्टिकोण का आद्य तत्त्व यह है कि कोई भी बात चिकित्सा के लिए हमेशा खुली होनी चाहिए। जाँच-पड़ताल में वह सच निकली तो उसकी शास्त्रीयता निखर जाएगी और परीक्षण में नहीं टिकी तो उसकी व्यर्थता सबकी समझ में आएगी। तथा उस बात को शास्त्र मानने से होनेवाले अनर्थ दूर हो जाएँगे। परीक्षण के मैदान में आने के लिए ही इनकार करनेवाला फल ज्योतिष वैज्ञानिक दृष्टिकोण पर आधारित है, कैसे कहा जाए? लेकिन क्षणभर इस प्रकार माना जाए कि फल ज्योतिष के भविष्य कथन सही आते हैं, कैसे वह नहीं कहा जा सकता। फिर भी आते हैं, उसमें अगर तथ्यांश हो तो उन्होंने कम से कम शास्त्र की पहली कसौटी पूरी की ऐसा क्यों न माना जाए? उन्होंने अगर वह दी तो ज़रूर मानना पड़ेगा। लेकिन इसके लिए आप ही एक प्रयोग करके देखिए ना।

किसी भी चर्चित ज्योतिषी के पास जाइए। ज्योतिषी के पास लोग जाते हैं तो विवाह, सन्तान, दुर्घटना, आर्थिक स्थिति आदि महत्त्वपूर्ण घटनाओं की सम्भावनाएँ जानने के लिए। जिनके जीवन में इस प्रकार की घटनाएँ अधिक मात्रा में घटित हो चुकी हैं, ऐसे 50 से 60 साल उम्र के एकाध व्यक्ति की जन्म पत्रिका उस ज्योतिषी को दिखाकर बीती हुई घटनाओं का सही काल पूछिए। कम से कम कौन-से वर्ष वह घटना घटित हुई है यह बताया तो भी चलेगा।

अगर जीवन में घटना नियत है और कुंडली के माध्यम से वे पहले ही समझी जा सकती है तो घटित हो चुकी घटनाओं की कालावधि का तो निश्चित रूप से सही कथन होना चाहिए। यह प्रयोग कीजिए और वह ज्योतिषी क्या कहता है मुझे ज़रूर लिखिए।

आपका विवेकसाथी
नरेंद्र दाभोलकर

उठ पगले, तोड़ ज़ंजीरें

प्यारे युवा दोस्तो और सहेलियो,

इस देश के मनुष्यों के मन को मानसिक ज़ंजीरों में जकड़कर रखी जानेवाली विचाराधारा के सन्दर्भ में गाँव—सावे, तहसील—माणगाव, ज़िला—रायगढ़ से महेंद्र षिर्के ने प्रश्न पूछा है। ये ज़ंजीरें पैरों में पड़ी बेड़ियों से भी भयावह हैं, क्योंकि शरीर ज़ंजीरों में जकड़ा हो तो कहा जा सकता है, 'उठ पगले, तोड़ ज़ंजीरें।' लेकिन यह विश्वास जिस मन को देना है, वही अगर बद्ध हो तो? अतः प्रश्न इस प्रकार है, क़िस्मत का क्या प्रकार है? योग्य प्रयासों के बावजूद भी अगर सफलता नहीं प्राप्त हुई तो क्या समझना चाहिए, नसीब या बदनसीब?

जन्म लेनेवाला बालक अपना नसीब लेकर जन्म लेता है, इस पर इस देश के सामान्य जनों का ही नहीं विद्वज्जन कहलानेवालों का भी बड़ा विश्वास है। अगर दो साल कम बारिश हुई तो खेती पर निर्भर बेचारा ग़रीब किसान स्वीकार करता है, 'बारिश नहीं हुई, खेती में अनाज नहीं उपजा, प्रतिष्ठा नहीं रही, मज़दूरी के लिए पूरा परिवार रास्ते पर आ गया, क़िस्मत के भोग है सारे भोगने ही पड़ेंगे।' और मेरा उच्च शिक्षित डॉक्टर मित्र महेंद्र भी स्वयं का व्यवसाय नहीं चल रहा तो माथे पर हाथ मारकर शिकायत करता है, 'आख़िर अपना नसीब ही फूटा है। औरों का धंधा चलता है और मेरा ही ठंडा है। सच तो यही है कि तक़दीर का लिखा कोई नहीं जानता।' 'समय से पहले और नसीब से ज़्यादा किसी को कुछ नहीं मिलता' यह वाक्य समाज के मन में प्रतिबिंबित किया गया है। अधिकतर लोग इसे मन ही मन स्वीकार भी कर चुके हैं। लेकिन महेंद्र के कहने के अनुसार ठीक ढंग से प्रयत्न करने के बाद भी सफलता नहीं मिली तो

उसे क्या कहेंगे? नसीब या बदनसीबी? ऐसे समय असफलता के पीछे रहनेवाला कार्य कारण ढूँढ़ना चाहिए। भले ही हम मानते हों कि मैंने बहुत प्रयत्न किए हैं। लेकिन क्या वे काफ़ी थे? जिन्हें सफलता मिली है उन्होंने ऐसे कौन से विशेष प्रयत्न किए थे? इन कारणों को जितना हो सके उतना परखकर देखना चाहिए और नसीब को कोसते हुए समय व्यर्थ न गँवाकर नए उत्साह के साथ फिर से प्रयास आरम्भ करना चाहिए। नसीब, नियति, प्रारब्ध, संचित ये सब पलायनवाद के ही नाम हैं। आप युवा हैं तो आप के मुँह में नाम आना चाहिए पुरुषार्थ का। पूछे गए प्रश्न का और भी एक सामाजिक पक्ष है जो इस देश में स्पष्ट रूप से दिखाई देता है। वह है, एक व्यक्ति बिना कुछ मेहनत किए हमेशा सफल होता है, सुख-चैन में रहता है और दूसरे के जी-तोड़ मेहनत करने के बाद भी परिस्थिति में कुछ सुधार नहीं होता। अत: स्वाभाविक रूप से माना जाता है कि पहला व्यक्ति बड़ी तक़दीर लेकर आया तो दूसरे की तक़दीर ही फूटी है। नसीब में आए हुए भोग अटल हैं। इस प्रकार दुखी अधिकांश लोगों की मानसिकता तैयार करने के लिए उन्हें सलाह दी जाती है, 'ठेविले अनंते तैसेचि रहावे। चित्ती असू द्यावे समाधान।' अर्थात् ईश्वर ने जिस हाल में रखा है उसमें ही आनन्द मानना चाहिए। नसीब की संकल्पना दृढ़ कर देश की विषमता का समर्थन करनेवाली कुटिल नीति को हमें पहचानना चाहिए। जो व्यक्ति स्वयं श्रम न करते हुए सब सुखों का उपभोग लेता है और जो दिन-रात मेहनत करते हैं वे हमेशा फटेहाल ही रहते हैं। श्रमिकों के ऐसे दयनीय हालात अगर मान लिए जाएँ तो वे इहवादी हो ही नहीं सकते, वे दैववादी और परलोकवादी ही हो सकते हैं। मतलब नसीब की कल्पना इस देश के शोषण को सैद्धांतिक आधार ही देती है। अन्धविश्वास उन्मूलन का आन्दोलन व्यापक परिवर्तन के साथ जोड़ना मतलब जिस चिंतनीय परिस्थिति के कारण मनुष्य अन्धविश्वास के अधीन जाते हैं उस नसीब जैसी कल्पनाओं पर आघात करना है। मनुष्य का नसीब शष्टी देवी उसके कपाल पर लिखती है यह ग़लत साबित कर उसके हाथों के कर्तत्व से उसका भाग्य खुलता है इसे स्वीकार करना चाहिए। इस प्रकार का समाज निर्माण करने हेतु प्रयत्न करने की ज़रूरत है। इसलिए एक शेर हमेशा याद रखना है—

ख़ुदी को कर बुलंद इतना, कि हर तकरीर से पहले।
ख़ुदा बंदे को ख़ुद पूछे, बता तेरी रज़ा क्या है।

मतलब यह है कि अपना आत्मविश्वास तुम इतना प्रबल करो कि तुम्हारे भविष्य का हर अक्षर तुम्हारी इच्छा के अनुसार ही विधाता (अगर होगा तो) लिखे।

आपका विवेकसाथी
नरेंद्र दाभोलकर

दिमाग़ : मनुष्य का और कौवे का

प्यारे युवा दोस्तो और सहेलियो,

अहमदनगर के महिर कुलकर्णी के मन में यह आशंका है कि मृत व्यक्ति के पिंड को कौवे के स्पर्श करने पर ही उसकी आत्मा मुक्त होती है। अपने यहाँ प्रचलित इस विश्वास को किस तरह देखना चाहिए? धार्मिकता समझकर या अन्धविश्वास कहकर? यह प्रश्न मुझसे महाराष्ट्र में कई स्थानों पर पूछा गया और वह भी महान हस्तियों द्वारा! अतः प्रस्तुत प्रश्न का उत्तर मुझे कभी-न-कभी देना ही था।

हिन्दू धर्म का यह दशपिंडी विधि। मृतक के बेटे का श्मशान भूमि में जाकर सम्पूर्ण मुंडन कराएँ। ब्राह्मण जो कहे वह विधि करें। बाद में मृतक की आत्मा को शान्ति मिले इसके लिए पत्तल पर अच्छा भोजन परोसकर उससे दूर जाकर बैठें। कौवे ने तुरन्त भोजन को स्पर्श किया तो समझो मृत व्यक्ति की सभी इच्छाएँ तृप्त हो गईं। यदि कौवा भोजन की ओर आया ही नहीं तो फिर मृतक व्यक्ति की सम्भाव्य अतृप्त इच्छाएँ ध्यान में लेकर उसके अनुसार कौवे के माध्यम से प्रकट होनेवाली आत्मा को शब्द दें। ठीक लगा तो कौवा आएगा, पिंड पर चोंच मारेगा। वरना उसकी कितनी भी मिन्नतें करो वह भोजन को बिलकुल भी स्पर्श नहीं करेगा।

यह अन्धविश्वास है, इस पर बड़े-बड़े लोग विश्वास नहीं करते। उनका कहना है कि आज का विज्ञान मानता है कि भूकंप अथवा तूफ़ान की आहट पहले ही कुछ पशु-पंछियों को होती है। मलबे के नीचे दबे प्रेत का पता मनुष्य को नहीं लगता लेकिन कुत्ते को गंध आती है। अपने पुरखों को पशु-पंछियों के बारे में अच्छी जानकारी थी। उन्हें कौवे की इस अद्वितीय शक्ति के बारे में

निश्चित पता चला होगा! पुरखों ने जब यह खोज की होगी तब उन्हें किसी को ठगना नहीं था। अत: इन सब बातों पर विचार नहीं करना चाहिए। ऊपरी तौर पर बिलकुल सही लगनेवाला यह युक्तिवाद ध्यानपूर्वक देखने पर कितना निराधार और भ्रामक है उसका तुरन्त पता चलता है।

घटना-क्रम देखिए। कितनी बातें फ़र्ज़ की गई हैं। पहली बात, हर व्यक्ति की आत्मा होती ही है। दूसरी, व्यक्ति की मृत्यु पश्चात कम-से-कम दस दिन तो आस-पास वातावरण में आत्मा भ्रमण करती रहती है (अथवा स्वर्ग अथवा नरक से दसवें दिन श्मशान में ड्यूटी के लिए उपस्थित रहती है)। तीसरी, यह आत्मा शुद्ध शाकाहारी मनुष्य की होगी तो भी मृतक का मांस चोंच से खानेवाले कौवे के शरीर में जाने के लिए उसे बिलकुल परहेज नहीं होता (उस आत्मा की कितनी भी इच्छा होगी तो भी उसे शाकाहारी कौवा मिलना मुश्किल ही है)। चौथी बात, कौवे के शरीर में प्रवेशित अशरीरी आत्मा को मनुष्य का दिमाग़ भी मिलता है क्योंकि उसके सिवा मनुष्य की भाषा, आशय के साथ उसे कैसे समझ में आएगी? पाँचवीं बात, अतृप्त आत्मा को जो आश्वासन चाहिए वह दशपिंडी हेतु श्मशान में आए हुए लोगों से प्राप्त हुआ कि कौवा तुरन्त कृति करता है और आत्मा अपनी पसन्द व्यक्त करती है। छठी बात, यह काम होते ही बेचारी आत्मा तुरन्त देह त्याग देती है, क्योंकि कौवे संख्या में कम और आत्माएँ बहुत हो जाने के कारण बाक़ी बची आत्माएँ अपना नम्बर कब आता है यह सोचकर कतार में खड़ी ही रहती हैं। और सातवीं बात, कहते हैं हरेक जीवित प्राणी में एक ही आत्मा होती है लेकिन कौवा इस दृष्टि से अद्भुत परिंदा है जिसमें बीच-बीच में कुछ समय के लिए एक साथ दो आत्माएँ रहती हैं। एक ख़ुद उसकी और दूसरी दसवें दिन श्मशान में अवतरित किसी मनुष्य की। ज़रा सोचिए। इससे अच्छा उदाहरण ढूँढ़कर भी आपको नहीं मिलेगा।

हर एक प्राणी को मृत्यु का डर रहता ही है। हमेशा खदेड़ देनेवाले मनुष्य आज खाना परोसकर प्यार से हमें क्यों बुला रहे हैं, इसके पीछे जान को ख़तरा तो नहीं? इस प्रकार विचार न करे, कौवा इतना मूर्ख नहीं होता। लोग पिंड के नजदीक रहे तो कौवे उनसे डरकर तुरन्त दूर उड़कर जाते ही हैं। इतना ही नहीं, वे दूर गए तो भी कौवा भोजन पर एक चोंच मारकर उड़ जाता है। कौवे के भोजन को स्पर्श करने पर इकट्ठा हुए लोग चले जाते हैं। उसके बाद ही कौवे सुकून से भोजन करते हैं। यह भी हो सकता है, पिंड रखने के कुछ समय पहले

कौवे को दूसरा कुछ खाना मिला होगा। पेट भरने के बाद, भूखे न रहते हुए भी पसन्दीदा पदार्थ सामने आया तो भोजन पर टूट पड़ना मनुष्य का गुण है, कौवे का नहीं। मृतक के पिंड को स्पर्श करने की जल्दबाजी कौवे में बिलकुल नहीं होती लेकिन मनुष्य में होती है। बिना छान-बीन किए रुढ़ि-परम्पराओं के माध्यम से किस प्रकार अन्धा दृष्टिकोण मनुष्य में पनपता है, इसका ही यह उदाहरण है।

इस सन्दर्भ में फिर वही प्रश्न पूछनेवाले आपके जैसे युवा लेकिन अक्लमन्द दोस्त ने अच्छा जवाब दिया है। वह कहता है, "प्रयोग करेंगे, जीवन भर शाकाहार करनेवाले मनुष्यों के स्वादिष्ट मांसाहारी पिंड बनाएँगे।" सच कहें तो कौवे को उससे दूर रहना चाहिए। अपना बुरी तरह मज़ाक उड़ाने के लिए मांसाहारी पिंड रखनेवाले मनुष्य को ही उसको चोंच मारकर घायल करना चाहिए। लेकिन विश्वास रखो, ऐसा बिलकुल होगा नहीं। उलटे कौवे तुरन्त आ जाएँगे और मांसाहारी पिंड को हड़प लेंगे। उनकी समझ, उनका दिमाग़ कितना? और कृति भी वैसी ही। वैसे कौवे तो कौवे ही! मूल सवाल यह है कि पिंड रखकर कौवे के लिए इन्तज़ार में बैठनेवाले मनुष्य के दिमाग़ का क्या करना है?

आपका विवेकसाथी
नरेंद्र दाभोलकर

बोलो चुनौती कब स्वीकार करोगे?

प्यारे युवा दोस्तो और सहेलियो,

अखिल भारतीय ज्योतिष महामंडल का अधिवेशन 21 से 23 दिसम्बर को सोलापुर में हो रहा है। विश्वविद्यालय अनुदान आयोग ने वैदिक फल ज्योतिष विषय ज्योतिर्विज्ञान नाम से विश्वविद्यालय में पढ़ाने का निर्णय लिया। तत्पश्चात् यह पहला ही अधिवेशन हो रहा है। स्वाभाविक रूप में इन लोगों की ज़िम्मेदारी बढ़ चुकी है। फलज्योतिष शास्त्र ही है अपने इस दावे को सिद्ध करने के लिए उन्हें अब सामने आना होगा। इस हेतु अन्धविश्वास उन्मूलन समिति ने उन्हें एक अच्छा अवसर उपलब्ध कराया है। महाराष्ट्र के चालीस नामांकित ज्योतिषियों और उनकी संस्थाओं को समिति ने एक पत्र भेजकर एक बिलकुल साधारण आह्वान किया है। इसमें विनती की है कि फल ज्योतिषशास्त्र दो हज़ार साल पुराना शास्त्र होने सम्बन्धी अगर दावा किया जाता होगा तो उन्हें इतना ही करना है कि कथित ज्योतिषशास्त्र का केवल एक नियम बताना है। उसे अगर वास्तविकता की कसौटी पर परख कर लिया तो उसकी वैज्ञानिकता निर्विवाद सिद्ध होगी। सम्पूर्ण ज्योतिष वर्ग को लेकर और उसकी प्रदीर्घ परम्परा को ध्यान में लेकर हम उनसे केवल एक नियम सिद्ध करने की विनती कर रहे हैं। इसमें उन्हें ख़र्च भी कुछ नहीं। कसौटी का ख़र्च तो बिलकुल ही नहीं। उलटा वे अगर इस कसौटी में सफल हुए तो हम उन्हें पाँच लाख रुपये देने के लिए तैयार हैं। आपको यह बताने के पीछे दो कारण हैं। पहले आप अपने यहाँ के ज्योतिषी को ज़रूर बताइए और दूसरे एकाध घटना शास्त्रीय पद्धति से किस प्रकार जाँचकर देखी जा सकती है इसे समझ लीजिए। इसके लिए आपके दिमाग़ को थोड़ी-सी तकलीफ़ होगी लेकिन इतनी आपकी बुद्धि तेज़ है इसका मुझे विश्वास है।

इस कसौटी की प्रक्रिया को 'डबल ब्लाइंड कंट्रोल ग्रुप कंपैरिटिव सिग्निफिकेन्स टेस्ट' कहा जाता है। संक्षेप में इसे देख लेंगे लेकिन ध्यान रखें कि एकाध बात की वैज्ञानिकता परखने की यह विश्व भर के विज्ञान जगत की मान्यता प्राप्त कसौटी है। वैद्यकशास्त्र, मानसशास्त्र, भौतिकीशास्त्र सम्बन्धी एकाध वैज्ञानिक सिद्धान्त एवं अनुमान में कितना तथ्य है इसे विश्व भर में प्रस्तुत कसौटी द्वारा जाँचा जाता है। यह कसौटी अन्तर्राष्ट्रीय मानकों के अनुसार होने हेतु हम विशेषज्ञों की भी मदद लेनेवाले हैं। कसौटी की संक्षेप पद्धति इस प्रकार है—कसौटी किस जाँच हेतु होनेवाली है इसे दोनों पक्ष निश्चित करेंगे। जन्मपत्रिका सम्बन्धी बहुत सारा ज्ञान है ऐसा ज्योतिषियों का दावा होता है। उदाहरण के रूप में व्यक्ति विवाहित है, अविवाहित है या तलाकशुदा? विदेश गमन हुआ है अथवा नहीं? शैक्षिक योग्यता कितनी है? सन्तानें कितनी हैं? आमदनी कितनी? आदि बातों को जानने के लिए लोग ज्योतिषियों को हाथ अथवा कुंडली दिखाते हैं।

उपर्युक्त किस सन्दर्भ में ज्योतिषियों को ख़ुद पर विश्वास है इसे उन्हें ही तय करना है। यह है जाँच-पड़ताल करने योग्य भविष्य कथन 'आउटपुट' अर्थात् इस हेतु ज्योतिषियों को कुछ जानकारी आवश्यक होगी। उदाहरण के रूप में जन्म-समय, कुंडली, हाथों के निशान आदि। इसे कहते हैं 'इनपुट'। अब कसौटी हम किस प्रकार लेंगे?

ज्योतिषियों के लिए आवश्यक दोनों 'इनपुट' और 'आउटपुट' जानकारियाँ समझकर कम से कम सौ लोगों से अन्धविश्वास उन्मूलन समिति सीलबन्द लिफ़ाफ़े में मँगवाएगी। हर सैंपल को संगणक की सहायता से रैंडम नम्बर पद्धति से कोड नम्बर दिए जाएँगे। साथ ही जिस भविष्य कथन की जाँच करनी है उसके सीलबन्द लिफ़ाफ़े सुरक्षित स्थान पर रखे जाएँगे। जिससे ज्योतिषियों के लिए मंगवाई गई जानकारी किसकी है यह समझ में नहीं आएगा। साथ ही जिनकी जानकारी दी गई है उन्हें भी कोड नम्बर के कारण इस बारे में पता नहीं लगेगा। इसे 'डबल ब्लाइंड' कहा जाता है। अब सैंपल सौ में से पचास लिफ़ाफ़े रैंडम पद्धति से निकाले जाएँगे। हर एक की बीस फोटो कापियाँ निकाली जाएँगी।

जाँच-पड़ताल के दिन दस ज्योतिषियों को दस कमरों में बिठाया जाएगा। उन्हें एक कमरे में बैठने के लिए भी कोई आपत्ति नहीं है। और जिन्हें ज्योतिष

बिलकुल आता नहीं है ऐसे दस सामान्य व्यक्ति दूसरे कमरे में बैठेंगे। सबको पचास 'इनपुट' दिए जाएँगे और उन्होंने उसके आधार पर 'आउटपुट' बताने हैं।

तत्पश्चात् प्रत्यक्ष जानकारी और हर एक के बनाए हुए भविष्य कथन की जाँच-पड़ताल कर सही 'हिंट' और ग़लत 'मिस' इस प्रकार लिखा जाएगा।

उपलब्ध जानकारी की संख्याशास्त्र की 'सिग्निफिकेन्स टेस्ट' के आधार पर पड़ताल की जाएगी। सामान्य व्यक्ति के अनुमान के आधार पर दिए हुए उत्तर कई बार सही हो सकते हैं, वैसे ही ज्योतिषियों के भी हो सकते हैं। यह परिणाम टालने हेतु और सही उत्तर में से सम्भावना दूर करने के लिए सामान्य व्यक्तियों के कंट्रोल ग्रुप का उपयोग किया गया है। इस कसौटी के कारण बाद में शिकायत का अवसर नहीं रहेगा।

अत: आकाश में स्थित ग्रह-गोल-तारे, अनेक स्थान, उनका प्रभाव आदि रहस्यमय बातों के आधार पर भविष्य कथन करने की अपेक्षा शास्त्रीय जाँच-पड़ताल की कसौटी पर उतरना ज्योतिषियों के लिए ही नहीं सभी के लिए क्या लाभप्रद नहीं होगा? आपके आस-पास ज्योतिषी होगा ही। उसे भी यह कसौटी बताइए और यह प्रश्न ज़रूर पूछिएगा। शायद, नहीं विश्वास ही है, इसका उत्तर देना उसकी कुंडली में नहीं होगा। फिर चुनौती स्वीकार करना तो बहुत दूर की बात है।

आपका विवेकसाथी
नरेंद्र दाभोलकर

अकारण सम्मोहित न होने हेतु

प्यारे युवा दोस्तो और सहेलियो,

फलटण के निलेश प्रभाकर वाघ ने मुझसे जो प्रश्न पूछा है वह कई लोगों के मन में होगा और मुझसे भी उसे कई जगह पूछा गया है। प्रश्न पूछने का तरीका भिन्न हो सकता है परन्तु अर्थ वही है। प्रश्न इस प्रकार है—ख़ुद को अन्तरराष्ट्रीय स्तर के सम्मोहन तज्ञ कहलानेवाले लोग सम्मोहन द्वारा नैराश्य दूर भगाओ, मानसिक शक्ति बढ़ाओ, आत्मविश्वास प्राप्त करो, स्वयं के व्यक्तित्व का विकास करो इस प्रकार की बातें दावे के साथ कहते हैं। क्या सचमुच सम्मोहन से प्रभावी इलाज होता है?

सम्मोहन का मतलब क्या है? वैसे सम्मोहन मानवी मन की एक अवस्था है। जैसे, जाग्रत, स्वप्न, नींद, बेहोशी आदि। सम्मोहन में मन का सूचनाओं के साथ जुड़कर तादात्म्य हो जाता है और कुछ नहीं। सम्मोहन की श्रेष्ठता का व्यवसाय करनेवाले प्रवक्ता कहते हैं, "व्यक्तित्व विकास में सम्मोहन अत्यन्त परिणामकारक और निश्चित सफलता देनेवाला मार्ग है। इससे व्यक्तित्व के दोष दूर हो जाते हैं, मन ख़ुश हो जाता है, उत्साह बढ़ता है, सामान्य लोगों को सहजता से प्रभावित किया जा सकता है, व्यक्तित्व परिपूर्ण होने में मदद होती है।" सचमुच इस प्रकार हुआ तो और क्या चाहिए? व्यक्तित्व विकास सम्बन्धी आम आदमी का आकर्षण ध्यान में लेकर उन्हें अपनी और खींचने का यह एक प्रभावी जाल है। इससे अधिक कुछ नहीं। सम्मोहन में बुराई से अच्छाई की ओर, असफलता से सफलता की ओर, अच्छाई से उत्कृष्टता की ओर इस प्रकार समृद्धता का मार्गक्रमण सहजता से होता है। यह दावा शायद कम लगता होगा इसलिए आगे वे यह भी कहते हैं कि व्यक्ति और समाज की पूरी कोशिश ख़ुश

रहने के लिए ही होती है। सम्मोहन के माध्यम से मनुष्य का सुख और आनन्द उसके मस्तिष्क में ही निर्माण किया जा सकता है। अतः सम्मोहन का उपयोग करने से व्यक्तियों से बना सभी समाज आनन्द-यात्री ही बनेगा। इसका मतलब हुआ कि मनुष्य की ख़ुशियों का उसके मस्तिष्क में सम्मोहन की सूचनाओं के द्वारा कंडिशनिंग करना है।

किसी भी प्रकार का भौतिक सुख न मिलने के बावजूद अथवा मिलने के पश्चात् उसे तुच्छ मानकर हम सुख में हैं, इस प्रकार माननेवाली नियतिवादी वृत्ति वाले और किसी भी प्रकार की सामाजिकता का ख़याल न रखते हुए पूरा समाज ही आनन्द-यात्रियों से परिपूर्ण हो सकता है, इस प्रकार का प्रतिपादन करनेवाले सम्मोहनकर्मी, इन दोनों की ही प्रवृत्तियाँ विवेकशीलता के लिए धोखादायक ही हैं। निर्मला माता, महेश योगी, ब्रह्मकुमारी आदि इसके ही उदाहरण हैं। उनके ध्यान धारणा के मार्ग भी सम्मोहन प्रक्रिया के इर्द-गिर्द मँडरानेवाले ही हैं। उनका दावा भी मनुष्य को परम आनन्द, शान्ति, सुख का महामार्ग दिखानेवाला ही है । वर्तमान समाज यानी जीवन की कठोर वास्तविकता व्यक्ति का जीवन हर पल असुरक्षित और उध्वस्त करती रहती है। जानलेवा स्वरूप की होड़, बेरोज़गारी, मँहगाई, जातीय दंगे-फसाद, भ्रष्टाचार इन सबके परिणामों से व्यक्ति और समाज का जीवन पूरी तरह व्याप्त हो चुका है, खोखला बनता जा रहा है। लेकिन इस बारे में बिलकुल भी बात न करते हुए सम्मोहन के माध्यम से जीवन की आनन्द-यात्रा में सम्मिलित होने का सन्देश देना क्या पलायनता और पुरुषार्थहीनता नहीं है? हमारी बहनों के लिए बाल्टी भर पानी के लिए नल पर जहाँ हर दिन झगड़ा करना पड़ता है अथवा मीलों घूमना पड़ता है वहाँ उनके लिए क्या सम्मोहन शान्ति देगा? अपने हिस्से के हक़ छीने जाने से निराश हो चुके युवकों को सम्मोहन भला कौन-सा सुख देगा? बढ़ती मँहगाई और आर्थिक दृष्टि से बिलकुल आधारहीन हो चुके परिवारों को सम्मोहन किस प्रकार आधार देगा? हिंसा, क्रूरता, लापरवाही, अनीति आदि बातों का प्रचंड तनाव जब मन में व्याप्त हो रहा हो ऐसे में सम्मोहन में जाकर बेहद ख़ुशी का अनुभव किस विचारशील मनुष्य के मस्तिष्क में आ सकता है?

इनसायक्लोपीडिया ब्रिटीनिका में सम्मोहन के बारे में निम्नलिखित बातें दी हैं जो आपको विवेकशील बनाएँगी :

1. सम्मोहन प्रत्यक्ष अनुभवों पर आधारित होने के बावजूद आज तक

किसी भी सिद्धान्त द्वारा सर्वस्वीकृत नहीं हो सका है।

2. सम्मोहन द्वारा स्मरणशक्ति बढ़ती है, इस बारे में अभी भी विवाद है। वह निर्विवाद रूप में अभी तक सिद्ध नहीं हो सका है।
3. बाँहों में सुई चुभाने के बाद भी वेदनाएँ नहीं होतीं आदि बातें सम्मोहनशास्त्र का सामर्थ्य हैं। इस तरह के सबूत बहुत बार देने की कोशिश होती है जो पूरी तरह ग़लत है।
4. सम्मोहित व्यक्ति में शारीरिक क्षमता, आकलन शक्ति, आत्मसात करने के सामर्थ्य एवं उत्पादन क्षमता में जाग्रत अवस्था से अधिक वृद्धि होती है, कहना असम्भव है। साथ ही जाग्रत अवस्था में जो कार्य करना असम्भव है वह सम्मोहित अवस्था में करने के लिए बाध्य करना भी असम्भव है।
5. सम्मोहन को विज्ञान के अन्तर्गत नहीं रखा जा सकता लेकिन सम्मोहन को सामान्य नियमों के अन्तर्गत किस प्रकार बिठाया जा सकता है यह देखना मानसशास्त्र का काम है।
6. गवाहों के द्वारा सत्य उगलवाने हेतु सम्मोहन का उपयोग करना विश्वसनीय नहीं माना गया है।

याद करने के लिए अथवा स्मरणशक्ति बढ़ाने के लिए सम्मोहन का विशेष रूप में उपयोग नहीं दिखाई देता। व्यक्ति को अन्य मार्गों से प्रोत्साहित करके भी सम्मोहन अवस्था जितनी अथवा उससे भी अधिक सफलता प्राप्त की जा सकती है।

आपका विवेकसाथी
नरेंद्र दाभोलकर

सम्मोहन : ग़लतफ़हमियाँ!

प्यारे युवा दोस्तो और सहेलियो,

सम्मोहन ग़लतफ़हमियों का प्रदेश है। एक तरफ़ उसका सम्बन्ध वशीकरण विद्या, काला जादू आदि रहस्यमय बातों से जोड़ा जाता है तो दूसरी तरफ़ कुछ लोग मन की अगाध शक्ति कहकर उसका समर्थन करते हैं। सम्मोहन को सीधा अर्थहीन माननेवाला भी एक वर्ग है। सभी उम्र के लोगों में, पढ़े-लिखें हो या अनपढ़ दोनों में इस बारे में कई ग़लतफ़हमियाँ हैं। इस सन्दर्भ में अनेक स्थानों पर पूछे गए कुछ प्रश्नों की चर्चा यहाँ हम संक्षेप में करनेवाले हैं।

सम्मोहन को अवगत करने के लिए कड़ी मेहनत करनी पड़ती है या आत्मिक शक्ति का विकास करना पड़ता है, यह धारणा बिलकुल झूठी है। सम्मोहन का मतलब बाह्य सूचनाओं के साथ हेतुपूर्वक प्राप्त मन की एकाग्र अवस्था है। आत्मिक शक्ति नाम की किसी भी अद्भुत शक्ति का अस्तित्व आज तक तो सिद्ध नहीं हो सका है। सम्मोहन बिलकुल सहजता से कोई भी सीख सकता है। अन्य व्यक्ति की सहयोग की इच्छा हो तो उसे सम्मोहित कर सकता है या स्वयं को सम्मोहन की सूचनाएँ भी दे सकता है। इतनी सामान्य मानसिक अवस्था को लेकर अकारण अथवा हेतुत: बिछाया हुआ यह ग़लतफ़हमियों का एक जाल है।

स्कूली बच्चा सम्मोहित होकर दूर कहीं चला गया और अन्यत्र कहीं उसे पाया गया। बातों-बातों में किसी व्यक्ति ने सामनेवाली स्त्री को सम्मोहित किया और स्वयं उस स्त्री ने अपने हाथों से स्वयं के गहने कब उतार कर दिए यह उसकी भी समझ में नहीं आया। इस प्रकार की कहानियाँ आए दिन हम सुनते रहते हैं। इनकी गहराइयों में जाकर जब छानबीन की जाती है तब उनका मिथ्या स्वरूप सामने आ जाता है। किसी भी व्यक्ति को उसकी इच्छा के विरुद्ध

सम्मोहित करने के लिए सम्बन्धित सम्मोहनकर्ता को उस स्त्री अथवा स्कूली बच्चे की ओर से सहयोग मिलने की अपेक्षा विरोध होने की सम्भावना ही अधिक रहती है। अत: इस प्रकार के सम्मोहन का दावा बिलकुल झूठा ही रहता है। वास्तविकता यह रहती है कि रुपये गुम जाते हैं, व्यसनाधीनता में बरबाद किए जाते हैं, और नाराज़गी के कारण बच्चा घर से भाग जाता है। तब इन घटनाओं का स्पष्टीकरण देना सम्भव नहीं होता। इस परिस्थिति में सम्बन्धित व्यक्ति होशियारी से कारण बताता है। जैसे—मेरी आँखों में किसी ने झाँककर देखा, मुझे नींद आ गयी, मैं पीछे-पीछे चलता गया, वस्तुएँ निकाल ली गईं आदि। सम्मोहन के दौरान क्या हुआ बिलकुल याद नहीं ऐसा कहने से गहने गुम जाने का, घर से निकल जाने का कोई स्पष्टीकरण नहीं माँगता उलटा 'जान बची, लाखों पाए' की तसल्ली मानकर सम्बन्धित व्यक्ति के प्रति सहानुभूति ही दिखाई जाती है, क्योंकि अधिकतर लोग ऐसी बातों में विश्वास करते हैं।

सामान्य रूप से सम्मोहन का जल्दी असर न होनेवाले व्यक्ति को प्रबल इच्छा-शक्तिवाला और देर से जिस पर असर होता है उसे कमज़ोर इच्छा-शक्ति का माना जाता है। वास्तविकता ठीक इसके विपरीत है। कमज़ोर इच्छा-शक्तिवाले व्यक्ति के लिए नया सीखने की इच्छा, विषय के प्रति जिज्ञासा, मन को एकाग्र करने की तैयारी, और सूचनाओं के साथ तादात्म्य करना सम्भव नहीं होता। इसी कारण मनोरुग्ण, चंचल बच्चे, नकारात्मक दृष्टिकोण रखनेवाले व्यक्ति को सम्मोहित करना कठिन होता है। क्योंकि वे अपने ही विचारों में मशगूल रहते हैं। इसके विपरीत नया सीखने की इच्छा रखनेवाला, दी हुई सूचनाओं के साथ तादात्म्य करनेवाला, सहयोग देनेवाला कोई भी व्यक्ति सहजता से सम्मोहित हो सकता है।

सम्मोहित व्यक्ति से अनैतिक कृत्य करवा लेना सम्भव है, इस प्रकार की धारणा समाज में मौजूद है। सम्मोहन के कार्यक्रमों में सम्मोहित व्यक्ति के द्वारा काग़ज़ बिस्कुट समझकर खाना, चींटियाँ न रहते हुए उन्हें दूर करना, नृत्य करना आदि मज़ाकिया तो कभी-कभी विस्मयजनक लगनेवाली बातें करवाई जाती हैं। लेकिन इससे आगे बढ़कर सम्मोहित अवस्था का व्यक्ति जिससे उसकी जान को ख़तरा हो जाएगा, या उसके संस्कारों के ख़िलाफ़ अथवा अनैतिक कार्य सम्बन्धी किसी भी सूचना को स्वीकार नहीं करता। इस प्रकार की सूचना देने पर प्रगाढ़ सम्मोहित अवस्था का व्यक्ति भी उनको स्वीकार नहीं करता अथवा

सम्मोहन से जाग्रत अवस्था में आता है। अत: सम्मोहन अवस्था में व्यक्ति को ले जाकर उसे ख़ुद को जला लेने की सूचना अथवा ऊँची इमारत पर से उसे कूदने के लिए कहना, ख़ुद की जान को ख़तरा होनेवाले काम, स्त्री का बदन से वस्त्र उतारना जैसे अनैतिक काम, अथवा ख़ुद की माँ को तमाचा मारना आदि संस्कार विरोधी काम करवाना कभी सम्भव नहीं होता। इसी कारण सुशील स्त्री सम्मोहन की प्रगाढ़ अवस्था में भी बदन से कपड़ों को उतारेगी नहीं। इसके विपरीत जिस स्त्री का यह व्यवसाय होगा उसकी नैतिकता के ख़िलाफ़ यह व्यवहार न होने के कारण इस प्रकार की सूचना का उसके द्वारा स्वीकार होने की सम्भावना अधिक है। चोरी करना पाप है, इस पर जिसका दृढ़ विश्वास है वह व्यक्ति सम्मोहन के प्रभाव में भी कभी भी चोरी तो दूर की बात है, चेक पर हस्ताक्षर भी नहीं करेगा। सम्मोहन की अवस्था में व्यक्ति के मन के राज़ खोले जा सकते हैं, यह भी इसी प्रकार प्रचलित ग़लतफ़हमी है। जो जानकारी देने के कारण अपनी जान को ख़तरा हो सकता है, या ख़ुद को सज़ा हो सकती है यह पता हो तो वह जानकारी सम्मोहन की अत्यन्त प्रगाढ़ अवस्था में भी व्यक्ति कभी नहीं देगा।

वशीकरण विद्या कहकर हो अथवा तथाकथित वैज्ञानिकता के झूठे आडंबर से हो, सम्मोहन के नाम से खड़े किए गए मतलबी मायाजाल का प्रतिवाद आप जैसे युवाओं को हमेशा करना चाहिए।

आपका विवेकसाथी
नरेंद्र दाभोलकर

बच्चा देनेवाले बाबाओं का बन्दोबस्त करना होगा

प्यारे युवा दोस्तो और सहेलियो,

इस बार का सवाल बहुत ही बढ़िया है। अन्धविश्वासों की जड़ों को स्पर्श करनेवाला। अन्धविश्वास उन्मूलन के आन्दोलन में दो बातें हम आग्रह से कहते हैं। पहली बात, इस आन्दोलन का नाता व्यापक समाज परिवर्तन के आन्दोलन से जुड़ जाना चाहिए। और दूसरा, इस आन्दोलन में क्रोध से अधिक करुणा और निंदा से अधिक अपनेपन की ज़रूरत होनी चाहिए। इसका मतलब लोग अन्धविश्वासी बनते हैं, इस कारण उन पर क्रोधित होना ठीक नहीं। उनकी उपेक्षा अथवा मज़ाक उड़ाना भी नहीं करना चाहिए। उनको वैज्ञानिक दृष्टिकोण के शाब्दिक पाठ अन्धविश्वास से बचा पाएँगे ही ऐसा भी नहीं। मनुष्य अन्धविश्वास की ओर कई बार व्याकुलता के कारण धकेले जाते हैं। ए.डी. वाडेकर, शिवाजीनगर, पुणे द्वारा पूछा हुआ प्रश्न इस प्रकार है—समाज व्यवस्था से निर्माण हो चुकी अगतिकता और उससे निर्मित अन्धविश्वासों को हम किस प्रकार व्यवहार्य विकल्प दे सकते हैं?

यशोदा का उदाहरण देखें। विवाह के पश्चात् छः साल तक उसे सन्तान नहीं हो पाई। पति उसकी जाँच करा लेता स्वयं की नहीं। उसका शराब पीना और पत्नी को पीटते रहना बीच-बीच में होता रहता। पड़ोसी अभी तक गर्भवती नहीं हुई इसलिए ताने कसते रहते। सास ने धीरे-धीरे बेटे से दूसरे विवाह सम्बन्धी चर्चा आरम्भ की है। अब यशोदा के सामने पारंपारिक विकल्प कौन से बचे हैं? एक तो किसी बाबा, मांत्रिक के पास जाना। उससे भभूत, तावीज लेना अथवा किसी न किसी व्रत-कर्मकांड में स्वयं को व्यस्त रखना और कभी न कभी ईश्वर की कृपा-दृष्टि होगी ही इस प्रकार आशावादी रहना। अथवा अमावस-पूर्णिमा या

मंगल-शुक्र के दिन अन्जाने में ही उसमें देवी का संचार होना या अबोध मन के उस आविष्कार द्वारा स्वयं के दुखों का कुछ क्षण के लिए विरेचन करना। इस प्रकार तनावग्रस्त मन को कुछ क्षण ग़लत तरीके से आधार देना। अब इसे अगर रोकना होगा तो इसका उत्तर सबसे पहले ढूँढ़ना पड़ेगा। जिस परिस्थिति ने उसे व्याकुल बनाया उस परिस्थिति में परिवर्तन लाना होगा। सम्भव है, सन्तान न होने का दोष उसके पति में ही हो। इसलिए आवश्यक जाँच एवं उपचार हेतु उसके पति की मानसिकता बनानी होगी। एकाध स्त्री को सन्तान प्राप्ति नहीं होती इसलिए उसे भला-बुरा कहने की सामाजिक मानसिकता बदलना ज़रूरी है। बहू को सन्तान नहीं होती इसलिए उसकी सौत लाने की सास की कल्पना तो कानून के विरुद्ध और अनैतिक भी है। साथ ही उसके पति की शराब छुड़वाने के बारे में भी सोचना चाहिए। इसका मतलब समाज व्यवस्था की ग़लत धारणाओं के कारण निर्मित अन्धविश्वासों का हम विरोध कर सकते हैं। जैसे कि यशोदा के उदाहरण में उसे हम समझा सकते हैं कि तुम्हारी पीड़ा सही है परन्तु उस का उपाय बाबा के पास जाना, शरीर में देवी संचार होना, मन्नत माँगना, व्रत करना आदि नहीं है। प्रश्न का हल इससे नहीं मिलनेवाला। उसे अगर हल करना हो तो उसका समाधान हमें समझदारी से ढूँढ़ना पड़ेगा, और हिम्मत से उस पर अमल करना होगा। समाधान बताना आसान है लेकिन आचरण में लाना कठिन है। यह मार्ग कष्टप्रद होगा लेकिन यही सच्चाई है। हर एक बात का तुरन्त विकल्प होता ही है ऐसा नहीं। साथ ही पति की जाँच कराने की आवश्यकता माननेवाले, नि:सन्तान स्त्री पर अत्याचार न करनेवाले समाज का निर्माण करना यह भी एक व्यवहार्य विकल्प है। साथ ही दूरगामी है और व्यापक सामाजिक परिवर्तन की माँग करनेवाला भी है। लेकिन इसके लिए देर लगती है। तब तक स्त्री की वेदनाओं का व्यापार करनेवाले बाबा और मांत्रिकों का बन्दोबस्त करना चाहिए।

संक्षेप में, समाज व्यवस्था की ग़लत धारणाओं से अन्धविश्वास को बल मिलता है, यह सत्य है परन्तु समाज व्यवस्था बदलने की हिम्मत के बीज भी उनके मन में बोए जा सकते हैं यह भी उतना ही सच है। इस प्रकार जाग्रत मन ही अन्धविश्वासों के अन्धियारे को उजाले का विकल्प दे सकता है।

आपका विवेकसाथी
नरेंद्र दाभोलकर

वैभव महालक्ष्मी का व्रत असत्य की पूजा

प्यारे युवा दोस्तो और सहेलियो,

मनुष्य के पढ़ा-लिखा होने से क्या होता है? कहते हैं, वह ज्ञानी बनता है। अपना भला-बुरा वह समझ सकता है। आस-पास की घटनाओं को वह परख सकता है। उचित बातों का स्वीकार करता है। अनुचित बातों को नकारता है। लेकिन शिक्षा से प्राप्त कथित समझदारी परम्परागत व्रत-पूजापाठ के सामने कमज़ोर सिद्ध हो जाती है। उसका अगर सबूत चाहिए तो फ़िलहाल बड़ी धूम-धाम से चल रहे वैभव महालक्ष्मी व्रत के बारे में किसी भी पढ़ी-लिखी महिला से पूछो। इतना ही नहीं, उसके शिक्षित पति से भी पूछो।

चार साल पहले एकाध जगह दिखाई देनेवाला अगहन महीने के बृहस्पतिवार का वैभव महालक्ष्मी व्रत फ़िलहाल सर्वत्र दिखाई दे रहा है। महाराष्ट्र के किसी भी तहसील, गाँव आदि में इस व्रत का उत्साह और गर्व से पालन करनेवाले सभी स्तर के लोग मिलेंगे। वैभवलक्ष्मी मतलब तांबे के कलश में डाली हुई पाँच प्रकार के वृक्षों की डालियाँ। इन डालियों के वृक्ष अधिकतर फल देनेवाले होते हैं। जिस टहनी पर कल फल आनेवाले थे उसे हर श्रद्धालु भक्ति-भाव से तोड़ता है। यह संख्या अनगिनत होती है। हरे-भरे वृक्ष देश के वैभव और पर्यावरण की ज़रूरत होते हैं परन्तु उनकी डालियाँ तोड़ी जाती हैं। कलश रूप में स्थापित देवी के सामने पाँच प्रकार के फल रखने पड़ते हैं। अब हर प्रकार का एक ही फल ख़रीद लेना मुश्किल ही होता है। लेकिन व्यापारी वर्ग बड़ी तत्परता से इन बहनों की सहायता करता है। वह पाँच फल एक प्लास्टिक की थैली में डालकर रेडीमेड सामग्री तैयार रखता है। सामान्य रूप से जिन फलों की क़ीमत दस रुपये हो सकती है उन्हें एकत्रित रूप में जल्दी मिलने की सुविधा के कारण महिलाएँ

15 रुपयों में सहजता से ख़रीदती हैं। थैले में बन्द केले हमेशा काले पड़े हुए और बेर में कीड़े होते हैं। इस प्रकार ख़राब हुए फलों का आँवला देकर देवी से ख़ुद के वैभव का कुम्हड़ा निकालने की चालाकी देवी समझ नहीं पाएगी, ऐसा व्रत करनेवाले मानते हैं। फँसाने के जुर्म में देवी हमें ग्राहक न्यायालय में बुलाएगी नहीं इसका उन्हें पूर्णत: विश्वास होता है। कितनी गहरी श्रद्धा!

वैभव महालक्ष्मी व्रत की पोथी दुकानों में बिकाऊ होती है। व्रत करने से होनेवाले लाभ जिस प्रकार सभी पोथी-पुराणों में वर्णित होते हैं, वैसे ही इसमें भी वर्णित होते हैं। आर्थिक तंगी में रहनेवालों को वे मोह में डालते हैं लेकिन बढ़ते वैभव की हमेशा लालच रखनेवाले मनुष्य को भी वे आकर्षित करते हैं। संक्षेप में, सद्‌बुद्धि का त्याग कर, आसान मार्ग से अमीर बनने की जल्दबाजी सब को रहती है। व्रत को मनाना मतलब फिर से विषमतावादी धार्मिक कर्मकांड को बढ़ावा मिलता है। उसका नियम है पाँच सुहागन महिलाओं को आमंत्रित करना। पति के ज़िन्दा न होने पर स्त्री का ऐसा कोई सामाजिक स्थान निश्चित करना स्पष्ट रूप से विषमता ही है। देश के लिए शहीद हो चुके वीर जवान की पत्नी को भी इस अनिष्ट परम्परा के व्रत का बुलावा नहीं होता। अत्याधिक गम्भीर बात तो यह है कि किसी को भी इस बात से लेना-देना नहीं है। यह व्रत करनेवालों की संख्या बढ़ती रहे इसलिए व्रत के दौरान सबको महालक्ष्मी व्रत की नई पोथियाँ देनी ही पड़ती हैं और जिस महिला को पोथी दी गई उसे अगले साल व्रत का पालन करना ही पड़ता है। पोथी छापनेवालों को बहुत पैसा मिलता है और चक्रवृद्धि से व्रत का प्रसार होता है। पेड़ की टहनियाँ, फल, पूजा का साहित्य आदि आख़िरी दिन नज़दीकी जल स्रोत में ले जाकर विधिवत बहाए जाते हैं। ख़राब हो चुके फलों से पानी प्रदूषित होता है और वैभव महालक्ष्मी धन्य होती हैं।

जिस देश में इस प्रकार के व्रतों का फैलाव सहजता से होता है, वह सभी स्तरों के पढ़े-लिखे, स्त्री-पुरुषों के मन को जकड़ लेता है। बड़ी श्रद्धा से उनका आचरण होता है। इस परिस्थिति में कम-से-कम आप जैसे युवाओं को तो सावित्री व्रत के बारे में स्वातंत्र्यवीर सावरकर द्वारा उच्चरित पंक्तियों को हृदय पर लिखकर रखना चाहिए। सावरकर ने कहा था, "स्वयं की मनोकामना पूर्ति हेतु वट-वृक्ष पर सूत लपेटना केवल पागलपन है। वट-वृक्ष, आप उसकी पूजा करो अथवा मत करो, जब तक खड़ा है तब तक पथिक को छाँव देगा और जिस दिन जीर्ण बनेगा उस दिन पथिक पर टूटकर गिर पड़ेगा। छाँव देना है या टूटकर गिरना है

यह वट वृक्ष नहीं समझ सकता। ऐसे वृक्ष की पूजा स्वयं की मनोकामना पूर्ति हेतु करना मतलब असत्य की पूजा है।" श्रम और कर्तत्व से धन-सम्पत्ति प्राप्त करनी चाहिए, उसके लिए व्रत-वैकल्प का अन्धानुकरण छोड़ देना ही बेहतर है। असत्य की पूजा बन्द करना समझदारी है। ख़ुद को युवा कहलाने वालों के लिए यही ठीक रहेगा।

मेरे युवा दोस्तो, करोगे ना संकल्प?

आपका विवेकसाथी
नरेंद्र दाभोलकर

ज्ञान चाहिए, साथ में धीरज भी!

प्यारे युवा दोस्तो और सहेलियो,

एक पत्र या पत्रक आपके पास निश्चित रूप से कभी-न-कभी आया होगा। आपके पास नहीं आया होगा तो आपके प्रिय दोस्त अथवा पड़ोसी को तो निश्चित तौर पर मिला होगा। इस प्रकार का पत्र अथवा पत्रक हाथ में आने पर आप कुछ पल सोच में पड़े होंगे। पत्र में दिए आदेश का पालन, बताई गई कृति क्यों न करूँ, यह दुविधा आपके भी मन में हो गई होगी। फिर आपका और आपके आस-पास के सभी का क्या निश्चय हुआ होगा? 'बेवजह रिस्क नहीं लेना। वैसे इस पत्र में सच्चाई होगी ही नहीं...ऐसा कभी हुआ है? लेकिन किसी के साथ हुआ तो? अपने ही साथ हुआ तो...? भलाई इसमें ही है कि प्राप्त पत्र की ग्यारह अथवा इक्कीस संख्या में नकल हो और ऐसी ही पाँच सौ अथवा एक हज़ार कापियाँ छपवाकर बाँट दें। मतलब ग़लती से भी 'न' कहते ही ब्रह्म हत्या ना हो।'

इन पत्रों में लिखा हुआ आशय लगभग एक जैसा ही होता है। लालच अथवा दहशत भी लगभग एक जैसी ही होती है। देवी का नाम बहुत बार सन्तोषी माता अथवा कभी अन्य देवता का भी रहता है। आशय इस प्रकार होता है कि इसके अनुसार ग्यारह पत्र लिखिए अथवा पाँच सौ कॉपियाँ छपवाकर बाँटिए। इस सूचना (आदेश या धमकी) की अनदेखी मत करना। जिन्होंने इस आदेश का पालन किया वे देवी के कृपा प्रसाद से मालामाल हुए। उन्हें अचानक धनलाभ हुआ। लॉटरी का टिकट निकला। अचानक खेती, ज़मीन, मकान आदि मिला। कहने का मतलब सब कुछ अच्छा हुआ। कुछ लोगों ने पत्र पढ़कर अपनी होशियारी दिखाई। सीधे-सरल आदेश को नज़रअन्दाज़ किया तो उनकी दुर्दशा हुई। किसी की अचानक जायदाद लूट ली गई, किसी के यहाँ डकैती हुई, किसी

के साथ बड़ा हादसा हुआ तो किसी को परिवारजनों की लगातार मृत्यु का दुख सहना पड़ा। अत: उचित निर्णय लीजिए और सुजान बनिए।

गौतमी तीस साल की युवती। अध्यापिका। दो छोटे बच्चों की माँ है। अपने स्कूल में गई तो बच्चों के चेहरों पर गम्भीरता और कुछ डर-सा दिखा। उसने बात की तह तक जाने के लिए संवाद आरम्भ किया। बच्चे सामान्य हो गए। पन्द्रह-बीस बच्चों ने बस्ते से सन्तोषी माता का कार्ड बाहर निकाला। गौतमी को याद आया, उसे भी एक-दो दिन पहले ऐसा ही एक पत्र मिला था और उसके पर्स में वह वैसा ही पड़ा है। उसने भी अपना पत्र बाहर निकाला। पत्र की धमकी जाली थी। पत्र के आदेश का पालन न करनेवाले व्यक्ति की उसके बच्चों के साथ पन्द्रह दिन के अन्दर मृत्यु होगी इस प्रकार धमकाया गया था। कुछ अभिभावकों को लगता था स्कूल के प्रशासन को इस बारे में कुछ निर्णय लेना चाहिए। कुछ अभिभावकों ने पत्र भी लिख दिए थे। अब टीचर क्या बताती हैं इस बारे में सबको कुतूहल बना था।

गौतमी को आया हुआ पत्र टेबल पर ही पड़ा हुआ था। अब टीचर क्या बोलती हैं इस तरफ़ सबका ध्यान था। गौतमी ने पत्र हाथ में लिया और बिना बोले उसके दो टुकड़े कर दिए। फिर उसके छोटे-छोटे टुकड़े कर दिए और कचरे के डिब्बे में डाल दिए। कुछ अघटित ही हुआ। छात्र दंग रह गए। टीचर ने इतना ही कहा, "प्रस्तुत पत्र के आशय के अनुसार आनेवाले पन्द्रह दिनों में मेरा और मेरे बच्चों का आयुष ख़त्म होना चाहिए। मैं हर दिन स्कूल आऊँगी, आप ध्यान रखिए।" फिर भी बच्चों के मन में ख़ौफ पैदा हुआ ही। दुर्योग से अगले पन्द्रह दिनों में गौतमी को बुख़ार आया। डॉक्टर ने सलाह दी कि स्कूल मत जाइए। बुख़ार बहुत है। लेकिन गौतमी का आग्रह इसलिए था कि उसे बच्चों के मन की आशंका ख़त्म करनी थी। बुख़ार में भी गौतमी स्कूल गई। उसने पढ़ाया। पन्द्रह दिन पूरे हो जाने पर तो वह बच्चों को भी साथ लेकर गई और सब कुछ कुशल होने का 'आँखों देखा हाल' सामने रखा। उसके बाद करिश्मा ही हुआ। कई बच्चों ने अपने बस्ते से ख़ुद को आए हुए कार्ड बाहर निकाले। उनके टुकड़े-टुकड़े कर दिए और कक्षा से बाहर फेंक दिए। समाज सुधारक गोपाल गणेश आगरकर ने सौ साल पहले क़हा था, "केवल ज्ञान की वृद्धि नहीं चलेगी, उसके अनुसार व्यवहार करने का साहस भी बढ़ना चाहिए।" आगरकर की विरासत गौतमी और बच्चों ने निश्चित ही प्रयोग की।

युवा दोस्तो, छोटे हो या बड़े, विचारों की कसौटी को तथ्यों के स्तर पर कसने हेतु चुनौतियों का सामना करने के प्रसंग आपके जीवन में आएँगे ही। निडरता से मुक़ाबला करोगे ना?

आपका विवेकसाथी
नरेंद्र दाभोलकर

असत्यनारायण

प्यारे युवा दोस्तो और सहेलियो,

परसों एक सभा समाप्त होने पर युवक-युवतियों के एक समूह ने मुझे घेर ही लिया। शायद वे मुझसे कुछ कबूल करवाना चाहते थे। उनका प्रश्न था, सच कहो, आपने जीवन में कभी सत्यनारायण की पूजा की ही नहीं? सत्यनारायण के सामने कभी भी नतमस्तक हुए नहीं? मैंने हँसते-हँसते लेकिन दृढ़ता से नकारात्मक गर्दन हिलाई । कुछ अचरज से, उसमें कुछ अविश्वास भी था, क्या मैं सच बोल रहा हूँ इसके प्रति उन्हें शक भी था और सच होगा तो इसमें सत्यनारायण देवता का मुझसे सदैव घोर अपमान हो जाने के कारण मेरा क्या होगा इस प्रकार की उन्हें आशंका भी थी।

सत्यनारायण की पूजा केवल पिछले दो सौ साल पहले बंगाल के सत्येन पीर की पूजा से शुरू हुई और हमारे यहाँ आई। इस कारण कर्मकांड में डूबे हुए पेशवाओं के काल में भी कहीं इस पूजा का उल्लेख नहीं मिलता है। लेकिन अब कहा जाता है सत्यनारायण की कथा स्कंद पुराण के द्वितीय खंड में मिलती है। पुराण काल सामान्य रूप से ई.स. 100 से ई.स. 300-400 का माना जाता है। अल्प श्रम में, अल्प ख़र्च में अधिकाधिक पुण्य का लाभ देनेवाला यह व्रत स्वयं विष्णु ने नारद को, नारद ने सूत मुनि को, सूत जी ने शौनकादि ब्राह्मण को बताया, इस प्रकार का उल्लेख पोथी में मिलता है। कुल सात अध्यायों में शतानन्द ब्राह्मण, राजा तुंगध्वज, साधुराम वाणी, ग़रीब लकड़हारा की कथाएँ मिलती हैं। स्पष्ट है ब्राह्मण, क्षत्रिय, वैश्य और श्रमजीवी क्षुद्र के वे प्रतिनिधि हैं। साधु वाणी छोड़कर अन्य की कथाएँ एक-एक अध्याय में ख़त्म की हैं। साधु वाणी के मध्यवर्गीय व्यापारी, नौकरपेशा वर्ग का प्रतिनिधि होने के कारण

उस पर तीन अध्याय लिखे जाना स्वाभाविक है। बाक़ी लोगों को साल में एक बार यह व्रत करने के लिए कहा गया है लेकिन साधु वाणी को हर माह करने की सलाह दी गई है। कहानी में सीधे-सीधे प्रलोभन और भय का उपयोग किया गया है। श्रमजीवी शोषित वर्ग का प्रतिनिधि लकड़हारा जिस दिन पूजा करता है उस दिन उसे दुगनी आमदनी प्राप्त होती है। राजा को प्रलोभन किस काम का? उसे पूजा करने के लिए मजबूर करना होगा तो डर दिखाना होगा। अत: पूजा न करनेवाले और प्रसाद न खानेवाले राजा तुंगध्वज का पूरा साम्राज्य नष्ट होता है। एक-एक कर बच्चे मर जाते हैं और सत्यनारायण की पूजा करते ही पुन: ऐश्वर्य प्राप्त होता है। साधु वाणी के लिए प्रलोभन और डर दोनों का उपयोग किया गया है। एक तरफ़ उस पर चोरी का इल्ज़ाम लगने से उसे जेल जाना पड़ता है और सत्यनारायण की ठीक ढंग से पूजा करते ही सब कुछ यथास्थित हो जाता है। भटजी सत्यनारायण की पोथी कहता है और सामने पूजा के लिए बैठे निर्बुद्ध दंपती मम कहते हुए एक-दूसरे के हाथों को स्पर्श कर कलश को लगाकर जैसे करंट थिअरी से सन्देश ऊपर तक पहुँचा रहे हैं। भटजी क्या कह रहा है और हम सिर हिलाकर किसे स्वीकृति दे रहे हैं इसे स्वयं का दिमाग़ लगाकर पूजा करनेवाले भी कहाँ जानते हैं? पूजा की पोथी में ब्रह्मदेव के मुख से ब्राह्मण, बाहु से क्षत्रिय, स्कंध से वैश्य और पैर से दलित निर्माण हुए ऐसा स्पष्ट कहा गया है। इसे कैसे स्वीकृति दें? एक तो सामाजिक न्याय को प्राथमिकता देनेवाला भारत का संविधान स्वीकार करना पड़ेगा अथवा सत्यनारायण। लेकिन पूजा में बैठा हुआ यजमान इस कथानक को सुनकर केवल गर्दन नहीं हिलाता तो सब कुछ स्वीकार्य है कहकर सत्यनारायण के सामने रखे हुए दीये में घी की बाती भी लगाता है। इसे अज्ञान, चालाक बुद्धिभेद या कर्मकांड का आतंकवाद कहें?

सन्त गाडगेबाबा हज़ारों की संख्या में उपस्थित जनसमुदाय के सामने इस कथा की आलोचना करते थे। वह काल था द्वितीय महायुद्ध का। सोना लेकर इंग्लैंड की ओर निकली हुई एक नौका का मुम्बई बन्दरगाह के पास डूबने का समाचार था। उसका सन्दर्भ देकर सन्त गाडगे बाबा व्यंग्य से लोगों को कहते थे, "लोगो, अब करो सत्यनारायण, सोना भरी हुई नौका ऊपर आ जाएगी और अपने आप मिलेगी...मुंबई जाने के लिए टिकट को पैसे नहीं होंगे तो देता हूँ। सोना भरी हुई नौका तैर कर सोने सहित ऊपर आएगी ना...।" गाडगेबाबा के शब्द-बाण लोग गर्दन झुकाकर चुपचाप सह लेते थे और फिर फटकारते हुए

ऊँची ध्वनि में वे कहते थे, "निकले सभी के सभी हाफ मैड सत्यनारायण करने वाले।" और गाडगेबाबा के साथ ही प्रबोधनकार की फटकार भी ध्यान में लेनी होगी। वे कहते थे, "संकट दूर हुआ इसलिए अगर भगवान सत्यनारायण की पूजा करनी होगी तो पहले संकट लाया क्यों, इस के लिए उसका धिक्कार और तिरस्कार करो।" सत्यशोधक आन्दोलन को जनसामान्य तक पहुँचानेवाले और कृति में लानेवाले अनूठे व्यक्तित्व के परिचायक एवं भारत की सबसे बड़ी ग्रामीण शिक्षा संस्था 'रयत शिक्षा संस्था' के चेयरमन प्रो. एन.डी. पाटील ने एक बार मज़ाक में कहा था लेकिन उसे गम्भीरता से लेना चाहिए, "मुझे अगर विश्वविद्यालय का कुलपति बनाया जाय और विज्ञान संकाय की उपाधि प्राप्त कोई छात्र स्वयं सत्यनारायण की पूजा करता हुआ मिलेगा तो उसकी उपाधि अपने आप ख़ारिज करने का मैं कानून बनाऊँगा।"

युवा दोस्तो, आपकी उपाधि किसी भी संकाय की हो लेकिन अगर आप कृतिशील वाचक होंगे तो सत्यनारायण के कारण आपको अपनी उपाधि कभी वापस करनी नहीं पड़ेगी। यह आत्मविश्वास मैं रखूँ ना?

आपका विवेकसाथी
नरेंद्र दाभोलकर

गाँव से पलायन नहीं मानसिक ग़ुलामी का अनुसरण

प्यारे युवा दोस्तो और सहेलियो,

अपने आसपास अन्धविश्वास को बढ़ावा देनेवाली बहुत सी घटनाएँ घटित होती हैं। बहुत बार इस कारण हम बेचैन और नाराज़ भी रहते हैं। इन बातों का विरोध करते समय मन में एक सवाल के प्रति हमेशा जागरूकता होनी चाहिए। मतलब अन्धविश्वास की जो बात हमें पसन्द नहीं उसका कृतिशील विरोध करना। ज़रूरत पड़ने पर चुनौतीपूर्ण। इस महीने में ऐसा ही एक प्रसंग घटित हुआ परिणामस्वरूप पूरी बातें याद आईं।

रत्नागिरी ज़िले के लगभग हरेक घर का व्यक्ति मुंबई में रहता होगा। मुंबई का उन्हें बहुत आकर्षण रहा है। लेकिन इस महानगर के बढ़ते विज्ञान का प्रभाव ग्रामीण क्षेत्र में जाग्रति नहीं ला सका है। ज़िले के लांजा तहसील के अन्तर्गत वाघण गाँव इसका गवाह है। लगभग तीन सौ साल पहले सती की जानेवाली स्त्री ने क्रोध में गाँव निर्वंश होने का शाप दिया था। बाद में उ:शाप देकर कहा कि तीन साल में तीन महीने गाँव भगाई अर्थात् गाँव छोड़कर चले जाने से शाप की बाधा नहीं होगी। तब से यह प्रथा कायम है। अब तीन हफ़्ते की गाँव भगाई होती है इतना ही फ़र्क़ है। पूरा गाँव तीन हफ़्ते नदी के उस ओर जाकर रहता है। इसके लिए वृद्ध, बीमार, बच्चे कोई भी अपवाद नहीं है। ना चूल्हा जलता है, ना कचरा उठाया जाता है। नदी के उस पार पेड़ काटकार अस्थायी झोंपड़ियाँ बनाई जाती हैं। रोज़गार बन्द कर गाँववाले घर पर ही बैठे रहते हैं। पाँच सौ मज़दूरों की हर दिन की मज़दूरी 70 रुपये मानी जाए तो होनेवाला नुकसान लाखों में पहुँच जाता है। स्कूल की कक्षाएँ पेड़

की छाँव देखकर 7-8 जगहों पर विभाजित होती हैं और बच्चों की शिक्षा पर बुरा असर पड़ता है। लोग खुले में ठंड से ठिठुर जाते हैं लेकिन गाँव भगाई की प्रथा को ख़त्म करने की उनकी हिम्मत नहीं होती।

रत्नागिरी शाखा के मेरे कुछ सहकर्मियों ने अन्य समविचारी संगठनों के साथ गाँववालों के साथ संवाद स्थापित किया। प्रचलित परम्परा विज्ञान विरोधी है इसे समझाने का प्रयत्न किया। उन्हें समझाया मनुष्य का भला-बुरा करनेवाली कोई अदृश्य अमानवी शक्ति होती ही नहीं। साथ ही इस परम्परा का दैवी शक्ति तथा धर्म के साथ कोई सम्बन्ध नहीं इसका भी एहसास दिलाया। सती प्रथा बन्द हुए डेढ़ सौ साल हो गए इसकी याद दिलायी। सभी को तकलीफ़ें उठानी पड़ती हैं। समय, श्रम, बुद्धि और रुपयों का अपव्यय होता है यह भी समझाया। लेकिन गाँववाले अपनी ज़िद पर अड़े रहे। उनके मन में प्रचंड डर था। उनका एक ही आग्रह था कि उन दिनों गाँव में तीन दिन तो रहकर दिखाओ और फिर बोलो।

इस चुनौती को स्वीकार किया गया। सरपंच और लांजा गाँव के पुलिस थाने की अधिकृत अनुमति ली गई। गाँव के किसी एक के घर में न रहते हुए अलग-अलग जगहों पर रहने का फ़ैसला किया गया। गाँव ख़ाली हो गया। कार्यकर्ता गाँव के अन्दर गए। निश्चित किए गए स्थान पर पहुँचते ही गाँववाले वहाँ आ गए और उनको सबसे 'डेंजरस' मानी जानेवाली वीरान जगह पर रहने के लिए उन्होंने कहा। कार्यकर्ताओं ने उसे भी स्वीकार किया। खुली वीरान जगह पर तीन रातें, तीन दिन बिताए। तीसरी रात गाँववालों के अनुसार मशालें लेकर गाँव की हवेलियों से रात बारह बजे के बाद परिक्रमा की। पहला दिन बिलकुल आराम से बीतने के कारण गाँववाले अचरज में पड़ गए तो गाँव के कुछ युवाओं ने कार्यकर्ताओं के साथ रहने की इच्छा प्रकट की। लेकिन गाँववालों के दबाव के कारण उन्हें सम्भव नहीं हुआ।

तीन दिन बाद कार्यकर्ताओं के वापस जाते ही एक बड़ी अफ़वाह फैल गई कि गाँव में रहे कार्यकर्ताओं की गाड़ी का बड़ा हादसा हुआ है। उसमें चार की मौत हो गई है, और दो गम्भीर रूप से घायल हुए। लोगों के मन में बिलकुल आशंका ना रहे इसलिए अमावस के दिन फिर कार्यकर्ताओं ने गाँव की उस बंजर भूमि पर रैनबसेरा किया। इतना सब कुछ होने पर गाँव सोचने लगा। अन्धविश्वास की मानसिकता की ग़ुलामी की बेड़ियाँ तोड़ने

के विचार शुरू हो गए। गाँव से दूर रहने का कालावधि पूरी होने से पहले ही गाँव में वापस लौटने के बारे में महिला सरपंच सोचने लगी तो पुलिस के पाटील ने कहा कि अगली बार गाँव से भागेंगे नहीं। विभिन्न तरीकों से कृतियुक्त कार्रवाई की गई। संवाद, मुहिम, एवं बहस सफल हुई। गाँव की बंजर भूमि वाघण गाँव में कार्यकर्ताओं को तीन दिन आराम से रहते हुए देखकर गाँववालों को दैवी प्रकोप एक ढकोसला है, यह समझाने के लिए और किसी चीज़ की ज़रूरत नहीं पड़ी।

अत: किसी भी प्रकार के अन्धविश्वास के बारे में कोई बोलने लगे तो उसके साथ संवाद स्थापित कीजिए। कृतिशीलता से यथार्थता सामने रखना ही प्रभावी मार्ग है। जब कभी इस प्रकार का आह्वान आएगा तब निडरता से उसका सामना कीजिए, और अपने अनुभव मुझे भी लिखकर भेज दीजिए।

आपका विवेकसाथी
नरेंद्र दाभोलकर

शनि ग्रह की चुनौती स्वीकारनी ही होगी

प्यारे युवा दोस्तो और सहेलियो,

महाराष्ट्र के एक ज़िले से एक उच्चशिक्षित अध्यापक महोदय का पत्र प्राप्त हुआ। पत्र का आशय पढ़कर मुझे बिलकुल आश्चर्य नहीं हुआ। इस प्रकार के प्रश्न महाराष्ट्र में भ्रमण करते समय हमेशा पूछे जाते हैं। अतः दुख होता है कि विज्ञान युग में जीनेवाले मनुष्यों के मन में इस प्रकार के प्रश्न आते ही कैसे हैं? इन्हें समझना बड़ा मुश्किल लगता है लेकिन उससे समस्या थोड़े ही सुलझ जाती है। बहुत बार इन प्रश्नों में और एक बात ध्यान देने लायक़ होती है। इस सन्दर्भ में आधुनिक विचारों को माननेवाला घर का कर्तत्ववान पुरुष अकेला पड़ जाता है और उसका कर्तत्व हार जाता है। घर के सभी रिश्तेदार केवल बातों से अन्धविश्वास निभाने की सलाह नहीं देते, आग्रह भी करते हैं। और ऐसे में सिटपिटाया हुआ वह उसका प्रश्न लेकर मेरे पास अथवा अन्धविश्वास उन्मूलन समिति के पास आता है। उसको आशा होती है कि उसके सगे-सम्बन्धियों को तसल्ली देनेवाली दलील मैं उसको दूँगा। इस प्रकार का प्रतिवाद कभी मुश्किल रहता ही नहीं। उसे तो सहज स्वीकार्य होता है। बहुत बार उसके रिश्तेदारों को इस आधार पर निरुतर भी किया जाता है लेकिन उससे समस्या हल होती ही है ऐसा नहीं। उसका कारण समझना आसान होता है लेकिन उसके अनुसार व्यवहार करना बहुत कठिन होता है। हमें विचार करना, समझ लेना, मत तैयार करना, दूसरों को समझाना, उसका आग्रह करना और कृति में रूपांतरण करना आदि कठिन लगता होगा तो भी वैज्ञानिक दृष्टिकोण का आरम्भ करने हेतु इस राह चलना ज़रूरी है।

यह सब कुछ लिखने का कारण है अध्यापक महोदय का पत्र। उन्होंने लिखा

है मेरे बेटे का जन्म शनि अमावस के दिन हुआ है। इस कारण ब्राह्मण ने मेरे माता-पिता, ससुर, पत्नी को तुरन्त शनि ग्रह को शान्त करने के लिए कहा है। ऐसा न करने पर आपका पोता/बेटा बड़ा होने पर आपको बहुत तकलीफ़ देगा, घर से निकाल देगा, माता-पिता के साथ हमेशा उसके झगड़े होंगे इस प्रकार धमकाया है। मैंने घर के सभी सदस्यों को हर तरह से समझाया है। लेकिन शनि ग्रह के पूजन सम्बन्धी सभी लोग अपनी ज़िद पर अड़े हैं। उनका मानना है, किसी भी हाल में और कितनी भी दक्षिणा देनी पड़ी तो भी पूजा करनी ही है। इस कारण हर दिन झगड़े होते हैं। क्या आप उनकी समझ में आए ऐसी शास्त्रीय भाषा में जन्म समय एवं दिन का भविष्य के जीवन पर प्रभाव, पूजन करने अथवा न करने के लाभ-हानियाँ आदि समझाएँगे? प्रस्तुत पत्र से मुझे बिलकुल आश्चर्य नहीं हुआ। महाराष्ट्र भ्रमण में 'अपनी सूर्यमाला में आपकी दृष्टि से सबसे ख़तरनाक और प्रभावी ग्रह कौन सा?' यह प्रश्न बहुत बार पूछा और सबका एक ही सुर में उत्तर मिला 'शनि ग्रह'। अपने सूर्यकुल में अपनी दृष्टि से सबसे ख़तरनाक ग्रह 'अपनी पृथ्वी' ही है यह उत्तर कभी नहीं सुना। माथे पर पक्की कील मारे जैसा शनि देव का डर बैठा है। इसी वजह से उपर्युक्त आग्रहों का उद्भव होता है।

विश्व के खगोलशास्त्रियों ने कई बार एक मत से कहा है कि आकाश में स्थित ग्रह-गोल का, मनुष्य के जीवन और उसके भविष्यकालीन व्यवहार पर गूढ़, दैवी, अतुलनीय और अवांछनीय कोई भी असर नहीं होता है। महाराष्ट्र के दो समाजसुधारकों के शनि ग्रह सन्दर्भ में मत देखिए। प्रबोधनकार ठाकरे कहते हैं, "मैने शनि माहात्म्य बहुत बार पढ़ा है। एकाध कल्पित उपन्यास से अधिक कुछ मुझे उसका महत्त्व नहीं लगा। वह पोथी पढ़कर किसी के तक़दीर की खोपड़ियाँ उलटी बैठ गई होंगी तो वे सुलटी होंगी इस पर मेरा विश्वास नहीं।" स्वातंत्र्यवीर सावरकर तो हिन्दू हृदय सम्राट थे। उनका मत था, "शनि प्रभृति गृह देवता है ऐसा मानना केवल अन्धापन है। लेकिन उससे भी और हास्यापद धर्मांधिता यह है कि पृथ्वी पर स्थित एकाध पत्थर पर तेल डालकर शनि माहात्म्य की पोथी पढ़ना अथवा किसी ऐरे-गैरे को दान देने से शनि प्रसन्न होता है इस प्रकार उपदेश करना। शनि -माहात्म्य की पोथी पढ़ने से शनि प्रसन्न होता होगा तो लकड़ी के खंबे पर लगाया हुआ गाँव की सड़क पर का घासलेटी लालटेन भी किसी लालटेन-माहात्म्य की पोथी से क्यों न जल उठे? घासलेट के सिवा क्यों न जले?"

इस प्रकार के प्रश्न जब निर्माण होते हैं और वे आन्दोलन से सम्बन्धित होते हैं तब हमारा काम और भी आसान बन जाता है। मतलब एकाध वस्तु शापित होगी अथवा भूतबाधित होगी तो वे किस प्रकार झूठ हैं इसकी चर्चा करने की अपेक्षा उस वास्तु में जाकर रहने की चुनौती हम स्वीकारते हैं। दूसरों के बारे में इस प्रकार की सलाह देना थोड़ा कठिन होता है क्योंकि हर एक का अपना-अपना विचार होता है। फिर भी सलाह यही रहेगी कि समझदार बनो, निर्भय बनो, ग़लत विचारों का त्याग करो, अन्धविश्वास का मैल साफ़ करो। बच्चों की बड़ी हिम्मत से, कल्पकता से, प्यार से अच्छी तरह परवरिश करो और स्वयं अनुभव लो कि किसी का भी भविष्य ग्रह-गोल तारों में नहीं होता तो वह मन, कलाई और दिमाग़ का निर्धारपूर्वक उचित मिलाप करने पर निर्भर रहता है। जो पाठक इसे पढ़ते होंगे उन्हें यही आह्वान है कि स्वयं के जीवन में आँखों पर लगी अन्धविश्वास की पट्टी तो आप निकाल फेंकेंगे ही साथ में अपने आस-पास रहनेवाले असंख्य समाज-बंधुओं की आँखों पर सैकड़ों सालों से बहुत चालाकी से बाँधी हुई यह पट्टी भी जितनी जल्दी हो सके उतनी जल्दी एक होकर निकाल फेंकेंगे, और उनकी दृष्टि को तेजस्वी विज्ञान का सूर्य देखने लायक बनाएँगे। वही सच्चा सुदिन होगा।

आपका विवेकसाथी
नरेंद्र दाभोलकर

राष्ट्रीय विज्ञान दिन और कुबेर महालक्ष्मी यज्ञ

प्यारे युवा दोस्तो और सहेलियो,

पिछले हफ़्ते दो महत्त्वपूर्ण घटनाएँ हुईं। हर एक की दृष्टि से उनका अलग-अलग महत्त्व था। पहली घटना, 22 फरवरी को कुबेर महालक्ष्मी यज्ञ सम्पन्न हुआ। 28 फरवरी को 'राष्ट्रीय विज्ञान दिन' का संयोजन केवल पुणे में नहीं तो सम्पूर्ण भारत में हुआ। मेरे प्रश्न हैं, इन घटनाओं से आपको क्या महसूस हुआ? और कैसे? या आप ख़ुद के ही सुख-दुख में मशगूल थे? 28 फरवरी 'राष्ट्रीय विज्ञान दिन' के रूप में मनाने का निर्णय महाराष्ट्र के सुपुत्र फ़िलहाल पुणे में वास्तव्य करनेवाले प्रसिद्ध वैज्ञानिक डॉ. वसन्त गोवारीकर ने लिया। राष्ट्रीय विज्ञान दिन मनाने के पीछे ध्येय थे, विज्ञान का महत्त्व लोग समझ सकें। उनमें वैज्ञानिक दृष्टिकोण विकसित हो। लोग अपने दैनिक जीवन की समस्याएँ वैज्ञानिक दृष्टिकोण के आधार पर सुलझाने का प्रयत्न करें आदि। इक्कीसवीं सदी में सजगता से भविष्य की आहट लेने का दिन मतलब 'राष्ट्रीय विज्ञान दिन'।

इसी बीच 22 फरवरी को पुणे में क्या विशेष हुआ? ख़्यातनाम अंग्रेज़ी अख़बार ने सोने के सिक्कों की बरसात दिखाकर बड़े रंगीन विज्ञापन दिए। जिसका निष्कर्ष था, 'विश्व में मनुष्य को प्रचंड ऐश्वर्य मिलने की सम्भावना है और उसका शास्त्र विहित तंत्र है यज्ञ।' अपने पूर्वजों को वह ज्ञात था जिस कारण उनकी तरक़्क़ी हुई। फ़िलहाल देश में आर्थिक आपदा है। इस यज्ञ के कारण चारों दिशाओं से समृद्धि की बरसात होगी। यह यज्ञ सम्पन्न भी हुआ। देश के अर्थमंत्री को किसी ने इतना आसान उपाय क्यों नहीं सुझाया? सीधे दिल्ली में ही यज्ञ करके अर्थमंत्री महोदय को ही पूजा के लिए बिठाया जाए तो काम हो जाएगा। सच दोस्तो, बड़े-बड़े लोगों की ध्यान में यह बात कैसे

नहीं आती समझ में नहीं आता। पिछले कुछ दिनों में नारायणपुर में विश्व शान्ति के लिए दो सौ कोटि जप का शिवदत्त नामक यज्ञ हुआ। साथ ही पूजा में भी विश्व शान्ति हेतु शिवनाम जप करोड़ बिल्वार्चन महायज्ञ काशी के महास्वामी जी ने किया। साधारण लोगों को उसका क्या फल मिला? अमेरिका-इराक लड़ाई, जम्मू-कश्मीर विधानसभा पर हमला, संसद अथवा अक्षरधाम मन्दिर पर आतंकवादियों की आक्रमक और बेरहमी से गोलीबारी और इधर-उधर भूकंप तो रास्तों पर हज़ारों हादसे हैं ही।

कुबेर महालक्ष्मी महायज्ञ से आर्थिक दुरावस्था को प्रभावी रूप से मात किया जा सकता है इस सिद्धान्त पर हमें गम्भीर आपत्ति होनी चाहिए। भारत में प्राचीन काल में और आज भी साधारण मनुष्य का असीमित आर्थिक शोषण हो रहा है। समाज व्यवस्था और अर्थकारण इसमें से ग़रीबी का संकट निर्माण हुआ। इस सन्दर्भ में लोगों में जाग्रति निर्माण कर ग़रीबी के कारणों के विरुद्ध आवाज़ उठाना ही इस प्रश्न का उत्तर है। यज्ञ करने अथवा भूल जाने से उसका कोई सम्बन्ध नहीं। 'जय जवान जय किसान' के साथ 'जय विज्ञान' नारा लगानेवाले देश के प्रधानमंत्री के रहते हुए लोगों का श्रम, समय, बुद्धि और धन नष्ट करनेवाला यज्ञ करना दंडनीय फ़िजूलख़र्च क्यों न माना जाए? इतिहास का अवलोकन किया तो आपको क्या नज़र आएगा? अत्यन्त जटिल प्रक्रिया द्वारा किया जानेवाला यज्ञ वैदिक लोगों की उपासना पद्धति थी। उपनिषदों में भी यज्ञों को 'फूटी नौकाएँ' कहकर नाक़ाम माना है। कहने का मतलब फूटी नौका से जैसे दूसरे किनारे जाना असम्भव है वैसे ही यज्ञ से भी कामनापूर्ति असम्भव है। अवैदिक बहुजन समाज भी ईश्वर की पूजा करता था। लेकिन उनका मार्ग अत्यन्त सादगी भरा सरल, सहज था। ईश्वर को फूल चलेगा और न होगा तो पान भी चलेगा, वह भी नहीं मिला तो केवल पानी और वह भी सम्भव ना हुआ तो भक्ति भावना से किया हुआ प्रणाम भी ईश्वर को सन्तुष्ट करता है। आज फटेहाल जीवन जी रहे सामान्य लोगों को यज्ञ के द्वारा आर्थिक उत्थान का लालच दिखाना क्या उनके धार्मिक भावनाओं से क्रूर खिलवाड़ नहीं है?

ग़रीबी पर उत्तर बुद्धि के सहारे से ढूँढ़ना होगा, हिम्मत से साकार करना होगा। यज्ञ संस्कृति से मनुष्य की यह मुक्तिदाता बुद्धि ही गिरवी रखी जाती है। सच्चा धर्म मानवता के संवर्धन में है, निरर्थक कर्मकांड में नहीं, यह महाराष्ट्र

के सन्तों ने समय-समय पर बताया है। अत: देश का तीव्र आर्थिक संकट यज्ञ से दूर होगा, ऐश्वर्य प्राप्त होगा इसे संयोजक दावे के साथ कैसे कह सकते हैं? विज्ञापन और संयोजन के लिए अनगिनत रुपये आए कहाँ से इसका संयोजक खुलासा क्यों नहीं करते? शोषण करनेवाले का भला हो और शोषण के आग की लपटें सहकर भी उन्हें आन्दोलन नहीं करना चाहिए, इसके लिए धर्म के नाम पर यज्ञ जैसे कर्मकांडों से मानसिक बेहोशी की दवा तो नहीं दी जा रही है? पुणे शहर के पास महात्मा जोतिबा फुले जी और सुधारक गोपाल गणेश आगरकर की समृद्ध विरासत है, कहीं वह इस प्रकार के यज्ञ संयोजन से पराजित तो नहीं हो रही है? 'राष्ट्रीय विज्ञान दिन' मना रहे सप्ताह में और ज्ञान का भंडार रहे पुणे शहर में बड़ी धूम-धाम से हो रहा यज्ञ तथा उसके बारे में बहुसंख्यक लोगों द्वारा रखा गया मौन किस सदी के कैसे विकास का मार्ग हमें दिखा रहा है? आप जैसी युवा पीढ़ी की महाभयानक समस्याओं का हल करने की एक तिहाई सम्भावना भी यज्ञ कर्म में देखी जा सकती है? बोलो युवा दोस्तो, आपको क्या लगता है?

आपका विवेकसाथी
नरेंद्र दाभोलकर

अमंगल की होली
युवाओं के लिए रचनात्मक कार्यक्रम

प्यारे युवा दोस्तो और सहेलियो,

मार्च महीना मतलब परेशानियाँ बढ़ानेवाला महीना। चिलचिलाती धूप और परीक्षाएँ। दोनों अनचाही बातें लेकिन दो बातें मन बहलानेवाली भी हैं। एक, होली और दूसरी, रंग पंचमी। होली का नाम लेते ही आपके मन में पुरानी यादें ताज़ा हो गई होंगी, मैं समझ सकता हूँ। घर-घर जाकर इकट्ठा किया हुआ चन्दा एवं होली बहुत बड़ी हो इसलिए शरारत से चुराकर जुटाई हुई लकड़ियाँ, और भी कुछ सामग्री। फिर बड़ी ज़ोर-शोर की आवाज़ें और हाँ मैं यहाँ लिखने का साहस नहीं कर पाऊँगा ऐसी मुँह से निकलनेवाली गालियाँ। सब तरफ़ मनमानी। त्योहार इस तरह मनाते समय हम किस प्रकार का कार्य करते हैं, यह आप जैसे सुज्ञ युवा दोस्तों को शायद मुझे बताने की ज़रूरत नहीं है।

'वृक्ष संवर्धन' का नारा आज सब तरफ़ लगाया जा रहा है। लेकिन हम होली के नाम पर वृक्ष जलाते हैं, नष्ट करते हैं। पहले ही गर्मी का मौसम, ऐसे में वातावरण को और गर्म बनाने का काम हम करते हैं। पर्यावरण को प्रदूषित करते हैं। गोबर का खाद उत्कृष्ट सेंद्रिय खाद है। आज देश की मिट्टी को उसकी बहुत ज़रूरत है। लेकिन इस प्रकार की उत्कृष्ट गोबर की खाद हम उपलों के रूप में अकारण जलाते हैं और नष्ट कर देते हैं। मुँह पर उलटी हथेली मारकर ज़ोर-ज़ोर से चिल्लाना तो पूर्णतः सामाजिक सभ्यता के विरुद्ध है। उस समय गालियों की बौछार की जाती है। ये गालियाँ अधिक मात्रा में स्त्रियों के विकृत, बीभत्स उल्लेखों से तैयार की हुई रहती हैं। मार्च महीने की 8 तारीख़ को अन्तरराष्ट्रीय महिला दिवस मनाया जाता है तो 10 मार्च को क्रान्ति-ज्योति

सावित्रीबाई फुले जी का स्मृति दिवस रहता है। इस महीने में और पूरे विश्व में महिला सशक्तीकरण के नारे दिए जाते हैं और हमारे यहाँ स्त्रियों के नाम से इस प्रकार के घिनौने शब्दों को हम कैसे सुन सकते हैं? दरिद्री नारायण अर्थात् ग़रीबों की पूजा करो वही ईश्वर की पूजा है यह सन्देश विवेकानन्द से लेकर महात्मा गांधी तक सभी ने बार-बार दिया है। आज भी देश में चालीस करोड़ से अधिक लोग दरिद्रता सीमा के नीचे हैं। इसका मतलब दिनभर कड़ी मेहनत करने के बाद पेट की आग बुझाने तक की भी आमदनी उन्हें इस श्रम से होती नहीं। बेचारों को आधे पेट रहना पड़ता है। ऐसे में होली की आग में उत्कृष्ट पकाई हुई पूरन-पूरी जलाने की अपेक्षा पेट की आग बुझाने हेतु उसका उपयोग सहज सम्भव है। संक्षेप में, हमें उत्सव, त्योहार, परम्परा आदि में काल के अनुसार परिवर्तन करना होगा। इस हेतु नेतृत्व करना ही युवा शक्ति की पहचान है।

होली के बहाने भी बहुत कुछ बातें की जा सकती हैं। पिछले कुछ वर्षों से अन्धविश्वास उन्मूलन समिति महाराष्ट्र में तो यह कार्य कर ही रही है लेकिन आप सभी युवा दोस्तों ने ठान लिया तो देखते-देखते यह कारवाँ बहुत दूर तक जा सकता है। इस हेतु सर्वप्रथम अपने परिवार के सदस्यों से, दोस्तों से, तथा आसपास के लोगों के साथ चर्चा कीजिए। उन्हें नया विचार समझाने की प्रामाणिक कोशिश कीजिए। होली तो जलानी है लेकिन लकड़ी और पेड़ भी बचाने हैं। कैसे सम्भव है यह? सहज सम्भव है, इस हेतु एक छोटा कार्यक्रम आयोजित करना है जिसमें अपने आसपास का कचरा इकट्ठा करना है। साने गुरुजी अथवा सेनापति बापट जैसे महानुभावों का स्मरण करके झाड़ू का जादू सिद्ध करने के लिए हाथ में खरहरा लेकर अपनी शक्ति, समय और संख्या के हिसाब से आस-पास का माहौल साफ़ करते हुए सूखे कचरे का ढेर लगाकर उसकी होली करनी है। साथ ही उसके पास ही प्रतीकात्मक रूप से एक दुर्गुण का पुतला खड़ा करना है। उसके विभिन्न हिस्सों को हिंसा, भ्रष्टाचार, आलस्य, व्यसनाधीनता आदि नाम देने हैं। स्वयं को और समाज को सतानेवाले इन दुर्गणों के पुतले की भी होली जलानी है। नारे तो लगाने ही हैं लेकिन गालियों का उच्चार न करते हुए, महिलाओं के सम्मान का जयघोष करना है। इतना सब कुछ करने के बाद भी सन्तोष नहीं हुआ और मुँह पर उलटी हथेली मारकर चिल्लाने की इच्छा ही हुई तो राशन दुकान पर ज़रूरत के हिसाब से अनाज नहीं मिलता, नल में पानी नहीं आता, प्रामाणिकता से मेहनत करने की तैयारी होते हुए और योग्य

शिक्षा एवं प्रशिक्षण लेकर भी रोज़गार प्राप्त नहीं होता, और ग़ैरवाजिब बिजली का बिल आना आदि अन्यायकारक और अव्यवस्था के विरुद्ध आपको आवाज़ उठानी है। होली सार्वजनिक हो या घरेलू उसे उत्कृष्ट खाद की मात्रा वाले गोबर के उपलों के द्वारा बिलकुल जलाना नहीं चाहिए। उन उपलों का गोबर बचाकर उससे बनी खाद से घर के गमलों में या आँगन की बगिया में फुलवारी खिलानी है। इस होली के लिए ना किसी के यहाँ से कुछ चुराकर लाना है ना किसी की जायदाद को नुकसान पहुँचाना है। साथ ही होली से गली-मुहल्ले में कोलतार की सड़कें भी ख़राब नहीं होंगी इसका ध्यान रखना भी आपकी ज़िम्मेदारी है, यह अलग से बताना ज़रूरी नहीं है।

सबसे महत्त्वपूर्ण अन्तिम बात रही पूरन-पोली की। होली में एक भी पूरन-पोली नहीं डाली जाएगी, इस ओर ध्यान देना होगा। अपने-अपने इलाक़ों से होली में डाली जानेवाली पूरन-पोली दान रूप में लेकर उसी शाम उचित नियोजन से ग़रीबों तक पहुँचानी भी होगी। किसी भी हाल में पूरन-पोली नष्ट नहीं होंगी और बासी होने पर बाँटने की नौबत नहीं आएगी इस ओर ध्यान देना होगा।

युवा दोस्तो, होली के आज से ठीक 10 दिन बाक़ी हैं। अत: मेरी विनती के बारे में पढ़िए, विचार कीजिए, आपस में चर्चा कीजिए, विचारों का प्रसार कीजिए और आचरण में लाइए। यह आपके लिए सहज सम्भव है। केवल ज़रूरी है इक्कीसवीं सदी के युवाओं को शोभित करनेवाला दृढ़ संकल्प। आप करेंगे ना?

आपका विवेकसाथी
नरेंद्र दाभोलकर

अन्धविश्वास उन्मूलन केवल हिन्दुओं के लिए ही?

प्यारे युवा दोस्तो और सहेलियो,

अन्धविश्वास उन्मूलन के कार्य में एक प्रश्न मुझसे हमेशा पूछा जाता है। मुनष्य को विवेकशील बनाने का काम अगर आपने शुरू किया तो आपसे भी यह टेढ़ा सवाल पूछा ही जाएगा। अन्धविश्वास उन्मूलन करते हो, अच्छा ही है लेकिन यह प्रेम हमारे प्रति ही क्यों? उस मियाँ भाई की तरफ़ भी कुछ ध्यान दीजिए ना। सच कहें तो इस प्रकार ज़ोर-ज़ोर से सुनानेवाले व्यक्ति बहुत बातों में नासमझ होते हैं। लेकिन अगर आपको भी समझ नहीं होगी तो आप दूसरों को कभी विवेकशील नहीं बना पाओगे। प्रस्तुत प्रश्न पर चर्चा करने का यही प्रयोजन है।

सबसे पहले ध्यान में रखना होगा कि अन्धविश्वास उन्मूलन का काम सभी जातियों, पंथों, धर्मों के लिए रहा है। यह बताना ज़रूरी भी नहीं है। अन्धविश्वास उन्मूलन के विभिन्न जागृतिपरक संघर्षों का स्वरूप देखा जाए तो ध्यान में आएगा कि जाति अथवा धर्म से परे जाकर भी संघर्ष हुआ है। अन्धविश्वास मतलब विश्वास के क्षेत्र में कालाबाज़ार। कालाबाज़ार वालों की जाति, धर्म देखकर उनके गुनाहों की जाँच नहीं की जाती। अन्धविश्वास पर भी वही नियम लागू है। फिर भी वास्तविक रूप में हिन्दू समाज में प्रचलित अन्धविश्वासों और बाबाओं पर समिति के कार्यकर्ताओं की नज़र अधिक रही है। उसका कारण स्पष्ट है कि अपने देश में हिन्दू के रूप में पंजीकृत लोगों के समूह का प्रमाण 82 प्रतिशत है। स्वाभाविक रूप में समिति के पास आनेवाले बाबाओं तथा अन्धविश्वासों के मामले हों तो उनमें ज़्यादातर हिन्दू ही रहते हैं। फँसानेवाले हिन्दू और फँस

चुके भी हिन्दू ही। शोषण करनेवाले और शोषक बने हुए दोनों भी एक ही, मतलब बहुसंख्य रहे हिन्दू धर्म के लोग ही। इसका दूसरा पहलू यह भी है कि अन्धविश्वास उन्मूलन के कार्य में जुटे हुए अधिकांश कार्यकर्ता हिन्दू धर्म के ही रहेंगे। आज समाज का दुखद वास्तव है कि एक जाति का मनुष्य दूसरी जाति में दिखाई देनेवाली ग़लत रूढ़ियों के बारे में बोलता है तो पसन्द नहीं किया जाता। 'जनेऊ तोड़ो' का आग्रह करनेवाले लोकनायक जयप्रकाश जी का यह जन्मशती वर्ष है। लेकिन 'उपनयन संस्कार मत करो' कहते ही ब्राह्मण समाज को लगता है उसकी जाति पर हमला हो रहा है। विधवा विवाह का आग्रह करते ही स्वयं को उच्च कुलीन कहलानेवाले मराठा समाज की नाराज़गी सहनी पड़ती है। 'यात्रा में देवी के नाम पर होनेवाली पशु हत्याएँ बन्द कर दीजिए', कहते ही गड़रिया समाज को बात खटकती है। जातियों के बारे में वैसे ही धर्म के बारे में यह और भी मुश्किल है। स्त्री को वेश्या बनानेवाले देवदासी आदि अमानवी प्रथाओं के बारे में मुस्लिम कार्यकर्ता बोला तो हिन्दू समाज की प्रतिक्रिया आती है, "हमारे प्रश्न में दखलंदाजी क्यों कर रहे हो?" संक्षेप में, आन्दोलन में बहुसंख्य कार्यकर्ता हिन्दू हैं। अतः उनका कार्यक्षेत्र भी हिन्दू समाज ही है। इस वास्तविकता को भी समझना होगा। लेकिन हिन्दू धर्म में अन्धविश्वास उन्मूलन कार्य का एक महत्त्वपूर्ण कारण यह रहा है कि हिन्दू धर्म में इस प्रकार के कार्य की बहुत ही प्रभावी परम्परा रही है। वह चार्वाक और गौतम बुद्ध से आरम्भ होती है और प्रत्यक्ष रूप में महाराष्ट्र के सन्त और समाज सुधारकों तक पहुँचती है। सच कहा जाय तो अन्धविश्वास उन्मूलन समिति द्वारा एक भी इस प्रकार का प्रतिपादन नहीं किया जाता जो इसके पूर्व महाराष्ट्र के सन्त और समाज सुधारकों ने न किया हो। इस उज्ज्वल विरासत को निभानेवाले प्रयत्नों को विशिष्ट धर्म का कार्य कहकर बदनाम करना सम्पूर्ण मानव धर्म की शिक्षा से विसंगत है।

विवाद का एक अलग विषय है अन्धविश्वास उन्मूलन का कार्य अच्छा है या बुरा, उचित है या अनुचित, समाज को आगे ले जानेवाला है या पीछे आदि प्रश्नों के उत्तर देने का काम केवल हिन्दुओं के लिए ही क्यों? इस प्रकार के सवालों के जवाब सवाल करनेवालों को पहले देने चाहिए। एक साधारण-सी बात है, कार्य बुरा हो तो करना ही नहीं चाहिए और अच्छा हो तो...लेकिन क्षणभर मान लीजिए कि वह विवादों में घिरा है तो भी समाज के एक हिस्से के लिए (बहुसंख्य) किया तो क्या हानि होनेवाली है? हर रोज़ झाड़ू से स्वयं का

घर साफ़ करनेवाले से क्या हम कभी पूछते हैं कि रोज़ केवल स्वयं का ही घर साफ़ करते हो, आस-पास के घरों में इतना कचरा जमा हो चुका है दिखाई नहीं देता? अथवा स्वयं की बस्ती में ही पाठशाला की क्या ज़रूरत है? इस प्रकार का प्रश्न हम कभी भी पूछते नहीं, क्योंकि यहाँ अपनी भावना होती है, और जो हो रहा है वह हितकारक ही है। तो फिर अन्धविश्वास उन्मूलन के बारे में ही इस प्रकार की आशंका क्यों निर्माण होती है अथवा क्यों व्यक्त कि जाती है? युवा दोस्तो, इसका कारण समझ लेना मतलब समाज को विवेकशील बनाने का कर्तव्य निभाना है। हिन्दुओं के लिए ही यह कार्य है। इसका दुख जिन्हें होता है उनका डर बिलकुल निराला है। उन्हें लगता है कि अन्धविश्वासों का उन्मूलन होने पर हिन्दू समाज दुर्बल और हतबल हो जाएगा। अन्धविश्वास में क़ायम रहनेवाला मुस्लिम समाज आक्रमक और बलवान रहेगा। कभी-न-कभी इस देश में ये दोनों समाज आमने-सामने आएँगे, उस समय अन्धविश्वास उन्मूलन के कारण दुबले बन चुके हिन्दू समाज का क्या होगा? इस प्रकार का ग़लत तर्क दूसरा नहीं हो सकता। अन्धविश्वास का मतलब तलवार में लग चुका जंग है। फिर जंग निकालने पर तलवार संगीन बनेगी यह बताना ज़रूरी है? सच कहें तो इस देश में हिन्दू और मुसलमान शत्रु के रूप में एक-दूसरे के सामने खड़े रहेंगे यह मानना ही ग़लत है और अन्धविश्वास का पालन करनेवाला समाज अधिक सबल बनेगा ऐसा मानना तो केवल अन्धापन ही होगा। सही आवश्यकता तो यह है कि हम सब मिलकर पूरे समाज को साथ लेकर स्वस्थ, विवेकशील मनुष्य एवं समाज का निर्माण करें। मेरे युवा दोस्तो, आप इसे सफल बनाएँगे विश्वास रखता हूँ।

आपका विवेकसाथी
नरेंद्र दाभोलकर

मन्नत : पशुहत्या का फाँस

प्यारे युवा दोस्तो और सहेलियो,

अब गाँव-गाँव में मेले लगेंगे। मन्नत पूरी करने के लिए वहाँ बकरे की या मुर्गे की बलि चढ़ाना हर जगह का दयनीय चित्र होगा। इसके विरोध में हम बीते दशक से संघर्ष कर रहे हैं और बार-बार आरोप भी सह रहे हैं। एक आरोप इस प्रकार है कि "क्या आप अहिंसा या शाकाहार के प्रचारक हो?" उसे जोड़कर इस प्रकार पुष्टि की जाती है कि "एकाध बड़े मेले में जितने बकरे काटे जाते हैं उतने तो पुणे-मुंबई के कसाईखाने में हर दिन काटे जाते हैं। उधर करो ना सत्याग्रह, केवल हिन्दू धर्म पर ही यह कृपा क्यों? मुसलमानों द्वारा हो रही बकरीद के दिन की क़ुर्बानी भी रोको।" यह ताना भी कुछ नया नहीं। शायद आप जैसे कई युवा दोस्तो के मन में भी इसी प्रकार के प्रश्न होंगे।

मेरी विनती है कि भगवान के नाम पर हज़ारों प्राणियों का हो रहा कत्ल और उसका मनहूस बीभत्स दृश्य आप एक बार देख ही लीजिए। अत्यन्त सफ़ाई से एवं गति से कसाई की छुरी चलती रहती है। चारों तरफ़ ख़ून ही ख़ून फैला रहता है। पैरों तले की मिट्टी में ख़ून और मांस मिलकर उसका कीचड़ बन जाता है। सफ़ाई शब्द का उच्चारण भी नहीं किया जा सकता इस प्रकार की स्थिति में। पानी की अत्यन्त कम उपलब्धता, जिस उपलब्ध पानी से नैवेद्य एवं खाना पकाते हैं उसे देखकर तो कै हो जाएगी। मेला विस्तीर्ण बंजर ज़मीन पर फैला हुआ। पेड़ों के अभाव से छाँव का मिलना भी मुश्किल। तेज़ धूप और इस परिस्थिति में खुले में मांस पकाते हुए लोग। मन्दिर के बाजू में बंजर भूमि पर खाल निकाले हुए बकरों के मांस के टुकड़े, ख़ून, कटे हुए सिर, खाल आदि के ढेर दिखाई देते हैं। कुछ लोग बकरों की खाल, कटे सिर सस्ते में ख़रीद कर

शहर में ले जाकर बेचने के चक्कर में रहते हैं। जिन्हें मांस ख़रीद लेना सम्भव नहीं ऐसे अत्यन्त ग़रीब लोग दूसरों का फेंका हुआ मांस, हड्डियाँ, अँतड़ी वगैरह इकट्ठा करने की छटपटाहट करते हुए दिखाई देते हैं। यहाँ बकरे के मांस पर हलदी डालकर उसको धूप में सुखाने के लिए रखा जाता है। मांस खदबदा कर पक रहा होता है। सब तरफ़ बदबू फैली रहती है। भोजन के बाद पेट की बीमारियाँ न फैलीं तो ही आश्चर्य। ठीक होने के लिए फिर भगवान से मन्नत माँगना। एक बकरे का पूरा मांस परिवार और मेहमानों के भोजन में ख़त्म नहीं होता। अत: उसे (और भिनभिनानेवाली मक्खियाँ) थैली, धोती में डालकर फिर से गाँव की तरफ़ ले जानेवाले श्रद्धालु भी रहते हैं। किस देवता को यह पसन्द आता होगा समझना बुद्धि से परे है। इसका दूसरा पहलू आर्थिक भी है। महाराष्ट्र में हर साल चार से पाँच हज़ार यात्राओं में कुल पाँच से छ: लाख बकरे मन्नत पूरी करने के लिए काटे जाते हैं। बकरे की क़ीमत हज़ार से पन्द्रह सौ रुपये। उसे बस में तो नहीं ले जा सकते तो अलग से बैलगाड़ी या टैंपो से ही ले जाना पड़ता है। साथ में और ज़रूरी बातें भी हैं ही। अत: मन्नत पूरी करने के लिए ख़र्च होते हैं दो-तीन हज़ार रुपये। यह राशि उस ग़रीब व्यक्ति की दो-तीन महीने की आमदनी होती है। इतने रुपये उसके पास कभी भी शेष नहीं रहते। वे उसे ऋण लेकर ही इकट्ठा करने पड़ते हैं। फिर ऊँचे ब्याज दरों से लिया हुआ ऋण चुकता करने तक अगले साल का मेला आता है। इस बीच और एकाध मनौती बोली हुई रहती है। यह कैसा धर्म? कैसी परम्परा? यह तो ग़रीब को ग़रीब ही रखने का षड्यंत्र है। ख़ुद की क्षमता के अनुसार दो-तीन हज़ार रुपये ख़र्च कर इन पैसों से श्रद्धालुओं ने अगर अपने बच्चे को नियमित मांसाहार खिलाया तो उसका निश्चित रूप में फ़ायदा होगा। एक दिन दावत और बाक़ी दिन उपवास किस काम का? मन्नत पूरी करनेवाले छ: लाख और हर एक का ख़र्चा तीन हज़ार रुपये, यह हिसाब किया जाए तो वह डेढ़ सौ से दो सौ करोड़ के क़रीब पहुँच जाता है।

रुपयों का प्रचंड अपव्यय। मेलों-यात्राओं में मनौती पूरी करने हेतु ग्रामीण ग़रीब को ऋण-ग्रस्त करनेवाला पशुबलि जैसा दूसरा कोई कारण नही होगा। इस सन्दर्भ में जागृति का काम शुरू किया तो समाज के बहुसंख्य लोगों के गले की फाँस दूर हो जाएगी। लेकिन फाँस छूटने का आनन्द मिलने की अपेक्षा जिन भाइयों के गले में वह अभी भी है और वे उसे गर्व से दिखा रहे हैं यह देखकर

करुणा से अधिक क्या महसूस हो सकता है?

धर्म की अच्छी बातें ग्रहण करते समय सामान्य रूप में अभिनिवेश की भूमिका हितकारक है या अहितकारक? 'ऐसे कैसे ईश्वर लेता है बकरे की जान' यह सन्तों का दर्द क्या धर्म-भावना के विकास का ही रूप नहीं है? पशु हत्या द्वारा प्रकृति में स्थित शक्ति की पूजा करना और अपना ईप्सित साध्य करना आदि मानव की ही धर्मकल्पना है। इक्कीसवीं सदी में वह कैसे सम्भव है? सभी सजीव में एक ही ईश्वर है। सभी उसकी ही सन्तान हैं। उस दयालु परम करुणामय ईश्वर की पूजा उसके ही किसी बच्चे को मार कर करना इसमें स्थित क्रौर्य एवं विसंगति को सन्तों ने पहचाना और इस प्रथा का विरोध किया। ईश्वर के नाम से सार्वजनिक स्थलों पर बड़ी मात्रा में होनेवाली हत्याएँ ईश्वर कल्पना का ही अपमान एवं अवमूल्यन हैं। सन्त गाडगे बाबा ने ऐसे अवसरों पर स्वयं की गर्दन आगे कर ईश्वर के लिए बकरे की गर्दन पर छुरा चलाने से पहले मेरी गर्दन पर चलाओ ऐसा कहा। धर्म का नैतिक आधार क्या है इसका कृतिशील संवाद पशुहत्या विरोधी प्रबोधन से सामान्य जनों तक पहुँचाया जा सकता है। मेरे युवा दोस्तो और सहेलियो, आगे बढ़कर स्वयं यह करने की आपकी इच्छा हो तो ज़रूर मुझे लिखिए। आपके गर्मजोश लेकिन विचार सम्पन्न यौवन की पहचान मुझे उसमें होगी।

आपका विवेकसाथी
नरेंद्र दाभोलकर

गिरवी रखी हुई अक्ल

प्यारे युवा दोस्तो और सहेलियो,

निम्नलिखित प्रश्न अपने किसी भी दोस्त से पूछिए। वैसे प्रश्न पढ़ने के बाद उत्तर को अनदेखा कर स्वयं के मन से ही पूछिए और देखिए क्या आपके लिए भी सम्भव है?

प्रश्न इस प्रकार है—पागल कुत्ते के काटने पर होनेवाली बीमारी का क्या इलाज है?

आप मन ही मन कुछ उत्तर याद करेंगे। पागल कुत्ते के काटने पर होनेवाली बीमारी को रेबीज कहते हैं। पागल कुत्ते के काटने पर यह बीमारी न हो इसलिए ऐंटीरेबीज इंजेक्शन लिए जाते हैं। बहुत से लोग कहेंगे इसमें क्या नयापन है, हमें पहले से पता है। लेकिन दोस्तो आप ग़लत हैं। यह इंजेक्शन प्रतिबंधात्मक है। कुत्ते के काटने पर रेबीज की बीमारी से बचने के लिए। अगर रेबीज हुआ तो फिर मृत्यु अटल है। सौ प्रतिशत। आज के विज्ञान युग में भी रेबीज की बीमारी होने पर मरीज़ किसी भी हालत में नहीं बच सकता। अत: प्रतिबंधात्मक इलाज ही अपने बस में है। कुत्ता काटकर भाग निकला तो पहचानना मुश्किल है कि वह पागल हो चुका था या नहीं। फिर प्रतिबंधात्मक इंजेक्शन की मदद लेनी ही पड़ती है। रेबीज के विषाणु कुत्ते के काटने पर उसकी लार के माध्यम से मनुष्य के शरीर में प्रवेश करते हैं। मांसपेशियों में बढ़ते हैं, फिर मज्जा संस्था के माध्यम से मनुष्य के दिमाग़ तक पहुँचते हैं और जीवन ख़त्म कर देते हैं। विश्व में रेबीज के कारण मरनेवाले मरीज़ों में 80 प्रतिशत अकेले भारत में हैं। उसमें भी 95 प्रतिशत से अधिक विषाणु कुत्ते के काटने से ही मनुष्य में संक्रमित होते हैं। इससे परिस्थिति की गम्भीरता स्पष्ट होती है।

सब कुछ याद आने का कारण भी मनोरंजक है, कहें तो दुखद भी है। कुछ दिनों पूर्व कोल्हापुर शहर में एक कुत्ता पगला गया। अन्धविश्वास उन्मूलन समिति के कार्यकर्ताओं ने महानगर निगम से सम्पर्क किया। फोन पर सेवक ने उत्तर दिया, "आज कुत्तों को मारने के लिए छुट्टी है क्योंकि आज गुरुवार है।" कार्यकर्ताओं को आश्चर्य लगा तो उन्होंने वरिष्ठ अधिकारियों से सम्पर्क किया। उन्होंने कहा, "गुरुवार श्री दत्त का दिन है। श्री दत्त जी के चरणों के पास (तसवीर एवं कल्पना में) हमेशा कुत्तों का आवास होता है। अतः भगवान दत्त का सम्मान करने हेतु गुरुवार को कुत्तों को नहीं मारा जाता।" अब चौबीस घंटों में वह जितने लोगों को काटेगा उन सब को अनिवार्य रूप में अठारह सौ के इंजेक्शन लगवाने पड़ेंगे। कार्यकर्ताओं ने यह बात उन्हें बहुत समझाने की कोशिश की लेकिन उनका कहना था कि गुरुवार दत्त जी का दिन होने के कारण इस दिन कुत्तों को नहीं मारा जाएगा। महानगर निगम के प्रस्ताव के कारण वे मजबूर हैं। (श्री दत्त जी के दिन लोगों को काटकर उन्हें मृत्यु तक नहीं पहुँचाना चाहिए उस पगला गए कुत्ते को कौन समझाएगा?)

महानगर निगम के सामने ही डॉ. बाबासाहब आंबेडकर का बुत है। महानगर निगम के नगरसेवक और अधिकारियों को देश के संविधान का हमेशा स्मरण रहे यही उसका उद्देश्य रहा है। कोल्हापुर शहर कहते ही राजर्षि छत्रपति शाहू महाराजा का स्मरण हो जाता है। आदर्श राज्य कैसा हो इसका उत्कृष्ट उदाहरण उन्होंने सबके सामने रखा। राजकारोबार में ईश्वर और धर्म से भी मनुष्य और मानवता को श्रेष्ठ माना। डॉ. बाबासाहब आंबेडकर का निर्माण किया हुआ संविधान तो धर्म निरपेक्ष है। अब इस परिस्थिति में पागल कुत्ते को मारते समय उसका सन्दर्भ श्री दत्त भक्तों के साथ जोड़कर धार्मिक भावनाओं को ठेस लगेगी इसलिए पागल कुत्ता आज़ाद भटके और लोगों की जान को ख़तरा रहे लेकिन धर्म रक्षकों को दोषारोपण ना हो यह सोचनेवाले बहादुर नगरसेवकों ने प्रगतिशील कोल्हापुर की इज़्ज़त बढ़ाई या घटाई?

वैदिक और श्री दत्त पंथियों के संघर्ष में वेदों को कुत्ते के रूप में श्री दत्त के पैरों के पास बिठाया गया, ऐसा माना जाता है। श्री दत्त के पैरों के पास वेद हैं और वेदों के प्रतीक रूप में श्री दत्त की तसवीर में शायद तीन कुत्ते होते हैं। गाँव के पागल कुत्तों के साथ उनका कोई सम्बन्ध नहीं है। अब कठिनाई यह है कि इस मिथक को सच माना जाए तो किसी भी कुत्ते पर हमला मतलब

सीधे वेदों पर ही हमला मानना पड़ेगा। पागल कुत्ते ने महानगर निगम की लापरवाही के कारण दस लोगों को काटा। कार्यकर्ता उन लोगों से मिले। उनमें से छः लोगों का इंजेक्शन से इलाज चल रहा है। दो लोग अर्थाभाव के कारण सरकारी अस्पतालों में जाकर पेट में लिए जानेवाले चौदह इंजेक्शन लगवा रहे हैं। इन इंजेक्शनों के कारण नस संस्थाएँ विफल होने के बड़े दुष्परिणाम कुछ लोगों को सहने पड़ते हैं। दस में से दो लोग तो एक नारियल के बदले में किया जानेवाला देहाती इलाज कर रहे हैं। जैसे अपने पैरों से मृत्यु की राह चल रहे हैं। अज्ञान एवं स्वार्थवश देहाती औषधि देनेवाले तथा गुरुवार को पागल कुत्ते को मारने के लिए इनकार करनेवाला महानगर निगम दोनों जैसे ईमानदारी से लोगों को मौत के घाट उतारनेवाले षड्यंत्र के ठेकेदार बने थे।

युवा दोस्तो, सब कुछ पढ़ने पर पाखंडी प्रथा बन्द करने की और गँवार इलाज करनेवालों पर गुनाह दाख़िल करने की माँग करनेवाला पत्र कोल्हापुर के मेयर को ज़रूर लिखिए। लिखेंगे ना?

आपका विवेकसाथी
नरेंद्र दाभोलकर

ऐसे कैसे हुए पाखंडी

प्यारे युवा दोस्तो और सहेलियो,

कुछ दिनों पूर्व मुझे एक पत्र मिला। अन्धविश्वास उन्मूलन के कार्य बारे में उसमें प्रशंसा थी। साथ ही यह काम करते समय हमारी ओर से रजनीश पर जो उँगली उठाई जा रही थी उसके लिए नाराज़गी भी थी। पत्र लेखक के अनुसार, रजनीश महान एवं विद्रोही दार्शनिक थे। उनके 650 ग्रंथ प्रकाशित हैं। इसके अलावा कई ध्वनि मुद्रण भी। विश्व में सर्वत्र उनके शिष्य पाए जाते हैं। अन्धविश्वास उन्मूलन समिति विचार देने का काम करती है, वही रजनीश ने भी जीवनभर किया है। इन सब को ध्यान में लेकर पाखंडी बाबा की सूची से उनका नाम हटाना चाहिए। इस प्रकार का ज़बरदस्त आग्रह था। यह बात हमारे लिए नई नहीं है। पाखंडी बाबा के बारे में हमारा कार्य अच्छा है इस प्रकार बड़े उत्साह से कहनेवालों की शिकायत भी रहती ही है। जैसे, पाखंडी बाबा के विरोध में हमारा कार्य अच्छा है लेकिन सूची में से उनके बाबा का नाम हटाना चाहिए। क्योंकि अन्य बाबा बदमाश भले हों, उनके बाबा सच्चे हैं।

विवेकशील बनना मतलब यथार्थ को समझ लेना और फिर निष्कर्ष निकालना। इस सन्दर्भ में कुछ तथ्यों पर केवल गौर किया जाए तो क्या स्पष्ट होता है? अमरीका में कुछ साल रजनीश का आश्रम था। वहाँ रहनेवाले रजनीश की सेवा के लिए 96 अलीशान रोल्सराइस गाड़ियाँ ख़रीदी गईं। लोगों को निडर, निस्संकोच, अर्निबंध जीवन किस प्रकार जीना चाहिए इसका सिद्धान्त देनेवाले रजनीश अपने भक्तों को दर्शन केवल बन्द गाड़ी और अंगरक्षकों के बीच ही देते थे। आश्रम शब्द का विडंबन करनेवाले, सशस्त्र रक्षकों से सज्जित कई पहरेदारी केंद्र वहाँ पर थे। अन्दर-बाहर जाने हेतु कड़े निर्बंध थे।

'संभोग से समाधि की ओर' उनका सिद्धान्त ही था। उन्होंने काम-वासना को मानवी जीवन का केंद्र बिंदु माना। परिणामस्वरूप स्वैराचार को आत्मोन्नति का मार्ग माना गया। इसके साथ ही मादक पदार्थों के सेवन से कथित आध्यात्मिक आनन्द देने का प्रयत्न हुआ। विश्व के सभी दर्शन शास्त्रों की छान-बीन करनेवाले रजनीश ने स्वयं के कारोबार की पूछताछ के लिए हमेशा इनकार किया। अमरीका से उन्हें निष्कासित किया गया। विश्व के लगभग सभी देशों ने उन्हें प्रवेश के लिए मना किया। अन्ततः बहुत प्रयास के बाद वे पुनः महाराष्ट्र के पुणे में स्थित हुए। इस प्रकार के मनुष्य को भगवान कहना, स्वयं घोषित ओशो अर्थात् गौतम बुद्ध कहना क्या दोनों शब्दों का अपमान नहीं? कहते हैं रजनीश को उम्र के इक्कीसवें वर्ष में एक बकुल वृक्ष के नीचे परम ज्ञान की प्राप्ति हुई। उनके शिष्यों का कहना है शायद विश्व की अनंतता और असीमता ने इकट्ठे होकर, और परमात्मा ने ही उनके रूप में मानवी शरीर धारण किया है। रजनीश ने 'नवसंन्यास इंटरनेशनल' नाम की आध्यात्मिक संस्था अपने आरम्भिक दिनों में शुरू की। ईश्वर, अध्यात्म, मुक्ति आदि बातों का इस देश में बहुसंख्यक लोगों के जीवन में अत्यन्त महत्त्वपूर्ण स्थान हैं। संन्यास लेना कठिन है तो अध्यात्म उससे भी मुश्किल। बहुत ही कम लोगों को यह साध्य है। यह अपनी परम्परा है लेकिन रजनीश ने इन सब का बहुत ही घटिया मार्ग से हासिल किया। संन्यास बहुत ही सस्ता हो गया। जो चाहे वह करो फिर भी आप संन्यासी ही रहोगे। सभी प्रकार का व्यवहार करना और खाना खाने के बाद जैसे मुँह में सुपारी डाली जाती है वैसे अध्यात्म लेना। पाखंड घातक ही है लेकिन रजनीश के समान इस प्रकार का गुरुडम अधिक घातक है। इस प्रकार के लोगों को सन्त तुकाराम जी ने एक जमालगोटा पहले ही देकर रखा है :

ऐसे कैसे हुए पाखंडी। कर्म करके कहते साधु॥
बदन को लगाकर राख। आँखें मूँदकर करते हैं पाप॥
दिखाकर वैराग्य का दर्द। भोग करते हैं विषयों का उत्सव॥
तुका कहें कितना बताऊँ। जल जाय उनकी संगति॥

किसकी संगत नहीं करनी है यह सन्त तुकाराम जी ने बताया है और किसकी संगत करनी है इसका उत्तर अगर चाहते हो तो सन्त गाडगेबाबा उसका अति उत्तम उदाहरण हैं। जीवनभर करोड़ों रुपये जमा किए लेकिन हर पैसे का

हिसाब रखा। सम्पूर्ण जीवन में ख़ुद की सम्पत्ति अगर देखें तो माथे पर रखने के लिए खपरैल और पैर छूने के लिए आनेवालों की पीठ पर मारने के लिए रखी हुई लाठी। हाथ में झाड़ू लेकर पूरा महाराष्ट्र साफ़ किया और कीर्तन द्वारा सच्चे ज्ञान, मानवता, अन्धविश्वास उन्मूलन की ज्योति देहातों, ग़रीब, अनपढ़ लोगों के मन में जलाई। अत: जनता के सच्चे बाबा, गाडगेबाबा ही कहलाएँगे और कथित भगवान रजनीश को जाँचनेवाली आपकी पीढ़ी पूछेगी 'ऐसे कैसे हुए पाखंडी?' सच कहा ना मैंने?

आपका विवेकसाथी
नरेंद्र दाभोलकर

इन्हें समझ लो

प्यारे युवा दोस्तो और सहेलियो,

मुझे आप जैसे ही 20-22 वर्ष की उम्र के एक युवक का पत्र प्राप्त हुआ। उसमें लिखा था, 'मुझे पिछले दो साल से हर छह महीनों के बाद कान में पड़ोस के बदमाश लोगों की आवाज़ें सुनाई दे रही हैं। उसमें उनकी गाली-गलौज की बौछार रहती है। कान में सुनाई देनेवाली आवाज़ें जब असहनीय हो जाती हैं तब मैं घर से बाहर आकर पड़ोसियों के ख़िलाफ़ चिल्लाता हूँ। लेकिन पड़ोसी जैसे कुछ हुआ ही नहीं इस भाव से मुझे ताक़ते रहते हैं। मुझे लगता है पड़ोसियों ने अत्यधिक सावधानी से मेरे कानों में कोई इलेक्ट्रिक उपकरण चिपकाया है। मैंने कान, नाक, गला तज्ञ डॉक्टर को दिखाया। उन्होंने एक्स-रे भी निकाला। मुझे बताया कान में कुछ भी नहीं है। मुझे लगता है या तो उनसे वह डॉक्टर मिला हुआ है या एक्स-रे में वह नहीं दिखाई देता होगा। पड़ोसियों का मेरे कान में मशीन बिठाने का कारण यह हो सकता है कि मुझे पिछले तीन साल से अश्लील किताबें पढ़नें का शौक़ हुआ था। ऐसी पुस्तकें अधजली बनाकर मैं उनके घर के पिछवाड़े में फेंकता था। इस कारण उन्होंने मुझे कमीना समझकर मेरे कान में मशीन बिठाना तय किया होगा। कृपया आप मुझे यह बताइए कि दूसरे के कान में चिपकाई जानेवाली, वहाँ आवाज़ पैदा करनेवाली, लोगों की आवाज़ें उसमें सुनाई देनेवाली इलेक्ट्रॉनिक मशीन अस्तित्व में है अथवा नहीं? इसकी सी.बी.आई. के पास पूछताछ कर मुझे लिखिए।'

पत्र पढ़कर ऊपरी तौर पर इसी प्रकार लगनेवाले और एक केस की याद आई। लड़की दसवीं में थी। दो महीने बाद ही परीक्षा थी। स्कूल लगभग एक मील की दूरी पर था। स्कूल का रास्ता कुछ कठिन और निर्जन था। एक दिन

स्कूल जा रही लड़की आधे रास्ते से ही वापस आई। उसने घरवालों को बताया कि स्कूल के रास्ते पर पीपल के पेड़ के पास से जाते समय उसे पेड़ पर एक सफ़ेद बाल वाली, चेहरे पर झुर्रियों के जाल वाली एक बूढ़ी औरत दिखाई दी। उसने हाथों से उस लड़की को अपनी ओर पेड़ पर आने का इशारा किया और गर्दन हिलाकर आगे न बढ़ने की सूचना दी। अतः डरकर स्कूल न जाकर लड़की वापस घर आई। स्वाभाविक रूप में दूसरे दिन स्कूल जाते समय घर के दो वृद्ध लोग उसके साथ गए। वह पेड़ आया। फिर से लड़की को वह कल की ही औरत दिखाई दी। उसकी बातें भी सुनाई दी। लेकिन साथवालों को कुछ भी नहीं दिखाई दिया।

दोस्तो, इस प्रकार की घटनाएँ आपकी नज़र में आईं तो क्या करेंगे? सम्बन्धित व्यक्ति का मज़ाक उड़ाएँगे? या मूर्ख समझकर छोड़ देंगे अथवा कुछ तो रहस्य है कहकर दोस्तों के साथ चर्चा करेंगे? या बाहरी कुछ बाधाएँ हो चुकी हैं, मानकर एकाध मांत्रिक ढूँढ़ना शुरू कर देंगे? इसमें से या इससे कुछ अलग जो कुछ करेंगे उससे तय होगा कि आँखों का परदा हटाने का काम कितनी दृढ़ता से आपने निश्चित किया है या नहीं।

प्रस्तुत मुद्दे को समझ लो। बाहर से कुछ भी उद्दीपन प्राप्त न होते हुए भी व्यक्ति के मन को बिलकुल वैसा ही महसूस होना यह गम्भीर मानसिक बीमारी है। इस लक्षण को मनोभ्रम कहा जाता है। बाहर बिलकुल आवाज़ होती ही नहीं। फिर भी उस दुर्भागी युवक को ऐसा महसूस होता है कि आस-पास के घरों में हमेशा मेरे बारे में कुछ बातें हो रही हैं। कुछ तो मेरे ख़िलाफ़ साज़िश हो रही है। जर्जर बूढ़ी पेड़ पर होती ही नहीं है लेकिन डरनेवाली लड़की को उसका अस्तित्व सच लगता है। मन में आनेवाले असह्य तनाव अथवा मस्तिष्क के रसायनों में हो चुके बदलाव के कारण व्यक्ति के मन का विघटन होता है, और छिन्न-भिन्न हो चुके मन को होनेवाला आभास बिलकुल सच लगने लगता है। जब आपको इस प्रकार का कोई दिखाई दे तो ध्यान में रखिए मदद के लिए अत्यन्त ज़रूरतमन्द लेकिन उचित एहसास खो चुका, उध्वस्त व्यक्तित्व आपके सामने खड़ा है। उस पर हँसो मत, उसका मज़ाक तो बिलकुल भी मत उड़ाओ। उसके नज़दीकी रिश्तेदार अगर उसे ओझा के पास लेकर जाते हों, मंत्र-तंत्र, तावीज़ का इलाज करते हों तो उन्हें समझाकर इससे परावृत्त कीजिए और जल्द से जल्द अच्छे मनोवैज्ञानिक के पास ले

जाइए। इससे उस व्यक्ति की खो चुकी निरामय मानसिकता उसे वापस मिल सकेगी। आपको यह एहसास होना, आपकी उभरनेवाली परिपक्वता का परिचय है। करोगे ना यह सब?

आपका विवेकसाथी
नरेंद्र दाभोलकर

शादी बड़ी धूम-धाम से ही होनी चाहिए?

प्यारे युवा दोस्तो और सहेलियो,

आपसे उम्र में थोड़ा बड़ा मेरा एक दोस्त बड़े उत्साह से अपने विवाह का निमंत्रण-पत्र लेकर मेरे पास आया। मैंने उससे सहजता से पूछा, "क्या हो चुकी ख़रीदारी?" शायद वह प्रश्न के इन्तज़ार में ही था। उसने धड़ाधड़ जानकारी दे डाली। सूट का कपड़ा अठारह हज़ार रुपये का। मंगल कार्यालय को हर दिन बीस हज़ार रुपये, इसी प्रकार निमंत्रण-पत्र, आतशबाज़ी, बारात, बैंड, दावत आदि के लिए उसके बताए हुए आँकड़ों की कुल राशि हुई लगभग दो लाख रुपये दहेज देना नहीं, लेना नहीं यह बताना भी वह भूला नहीं। प्रति माह 3 से 4 हज़ार रुपये कमानेवाले उस दोस्त से दो लाख का आँकड़ा सुनकर मुझे आश्चर्य ही लगा। मैंने उससे कहा, "अरे, इतना ख़र्च करने की ज़रूरत क्या है?" लेकिन उसे अच्छा नहीं लगा। उसने कहा, "विवाह बार-बार थोड़े ही होनेवाला है। शौक़-मौज कब करें?"

आन्दोलन का एक कार्यकर्ता बहन के विवाह का निमंत्रण-पत्र देने के लिए आया था। उसकी बहन भी आन्दोलन के विचारों में ही पली-बढ़ी थी। सुविद्य और सुन्दर भी थी। भाई चाहता था विवाह सामान्य तरीके से हो। उसने विवाह निश्चित करते समय सामनेवालों को बहुत समझाने का प्रयत्न किया। दूसरी तरफ़ के लोगों ने उसके कहने का आदर भी किया। मतलब क्या किया, साढ़े तीन लाख की माँग दो लाख तक नीचे ले आए। लेकिन ख़ुद का बड़प्पन और सामाजिक प्रतिष्ठा सिद्ध करने के लिए उसने सहजता से चार-पाँच लाख रुपये ख़र्च किए ही।

युवा दोस्तो, वैसे मैं तो सामान्य तरीके से होनेवाले विवाह का कट्टर समर्थक

हूँ लेकिन आपको क्या लगता है? इस तरीके से विवाह सम्बन्धी चर्चा आरम्भ हुई कि हमेशा कुछ आर्ग्युमेंट्स सुनाए जाते हैं। जैसे कि :

— विवाह ज़िन्दगी में एक बार ही होता है।

— परिवार में पहला या आख़िरी कार्य है तो बड़ी धूम-धाम से ही होना चाहिए। (फ़िलहाल 'हमारे दो' के ज़माने में हर कार्य या तो पहला होता है या आख़िरी)।

— एक ही लड़का / लड़की है तो सब कुछ कैसे भी परिपूर्ण होना चाहिए।

— औरों के यहाँ पेट भर खाना खाया तो उन्हें अपने यहाँ खाना खाने को नहीं बुलाना चाहिए?

— विवाह साधारण-सा किया होता लेकिन सबको लगेगा लड़के में ही कुछ दोष होगा इसलिए इस तरीके से किया।

और सब से महत्त्वपूर्ण बात—

— आपकी बात समझ सकता हूँ लेकिन लोग क्या कहेंगे?

ऋण लेकर त्योहार करने की हमारी प्रवृत्ति एक बहुत बड़ा सामाजिक दोष है। शौक़ का जीवन में महत्त्व है लेकिन जिज्ञासा वृत्ति से आस-पास देखें तो आपके ध्यान में आएगा कि विवाह प्रसंगों में शौक़ से भी अधिक बहुत-सी बातें जबरन करनी पड़ती हैं। लेकिन सत्य कड़ुआ होता है। लड़की के माता-पिता, भाई द्वारा कहीं न कहीं से रुपये उधार लिए बग़ैर विवाह सम्पन्न होता ही नहीं। बहुत बार खेत भी गिरवी रखना पड़ता है। अगर दो लड़कियाँ हों तो पिता की जीवन भर की जमा पूँजी विवाह में ही ख़र्च हो जाती है। यह केवल लड़की के यहाँ ही होता है ऐसा नहीं, झूठी शान जताने के लिए लड़के के यहाँ भी होता है। विवाह हेतु होनेवाले ख़र्च के सम्बन्ध में यह भी कहा जाता है क्या उससे शामियाना लगानेवाले, बाजा बजानेवाले, बावर्ची, छपाई आदि कई सामाजिक इकाइयों को रोज़गार उपलब्ध नहीं होता?

आप विवेकशील होंगे तो समझ जाएँगे कि यह असल में रोज़गार वृद्धि नहीं है, क्योंकि यह पूर्णतः अनुत्पादक है। महाराष्ट्र में हर साल लगभग तीन लाख विवाह होते हैं और उसमें तक़रीबन बारह सौ से चौदह सौ करोड़ रुपये बरबाद होते हैं। दूसरी तरफ़ कृष्णा नदी पर बाँध बँधवाने से लाखों परिवारों की ज़मीन को पानी मिलनेवाला है और परिवार सम्पन्न होनेवाले हैं। लेकिन सरकार के पास बजट नहीं इसलिए वह कार्य बन्द है। चार साल विवाह हेतु होनेवाला अनुत्पादक

ख़र्च हम सब ने विकास की ओर मोड़ दिया तो दो-चार विवाह प्रसंगों में खाना छूट जाएगा लेकिन आनेवाली पीढ़ियाँ दीर्घकाल तक दुआएँ देंगी।

मेरे दोस्त का व्यक्तिगत स्तर का ही उदाहरण लीजिए। उसका विवाह 25 साल पहले हुआ। विवाह बड़े ठाट-बाट में करना सम्भव होने के बावजूद अत्यन्त सामान्य तरीके से कर बचे हुए पच्चीस हज़ार रुपये बैंक में दीर्घ अवधि के लिए रखकर उसे वह भूल भी गया। लेकिन बैंक ने अपना कार्य किया। पाँच साल में रकम दुगनी होकर पचास हज़ार, दस साल बाद एक लाख, पन्द्रह साल बाद दो लाख, बीस साल बाद चार लाख और दोस्त के विवाह को अब पच्चीस साल पूरे हो रहे हैं, रकम हुई आठ लाख रुपये। व्यापार करने की इच्छा रखनेवाले अपने बेटे को मेरे दोस्त ने किसी भी प्रकार का तनाव न महसूस होने दिया और आठ लाख रुपये दे सका। आपको नहीं लगता कि आपके भी पिताजी ने इसी प्रकार किया होता तो कितना अच्छा हुआ होता। उन्होंने नहीं किया होगा लेकिन आपके जीवन में जब भविष्य में यह प्रसंग आएगा तब आपको इस प्रकार का आग्रह क्यों नहीं करना चाहिए? और हाँ, विवाह सादगी से करने के लिए अपने पास बहुत बड़ा उदाहरण है। देश की प्रधानमंत्री रहते हुए भी इंदिरा जी ने अपने दोनों बेटों के विवाह इतनी सादगी से किए कि अपने दल के सांसदों को भी नहीं बुलाया। अतः सोचिए ज़रूर और मुझे बताइए भी कि क्या निर्णय लिया?

आपका विवेकसाथी
नरेंद्र दाभोलकर

शगुन...पराश्रित मानसिकता

प्यारे युवा दोस्तो और सहेलियो,

मैं सम्पन्न परिवार के दोस्त के बेटे के विवाह हेतु गया था। मंगल कार्यालय सभी दृष्टियों से असुविधाजनक था। गाँव से दूर, वाहन की सुविधा नहीं, पानी की कमी, कुछ भी ठीक ढंग से नहीं। आलीशान मंगल कार्यालय में विवाह करने की क्षमता और इच्छा रखनेवाले दोस्त ने ऐसा क्यों किया? यह प्रश्न जब मैंने उसे पूछा तो उसने कहा, "क्या करूँ? सीज़न का आख़िरी मुहूर्त था, वह छूट गया होता तो विवाह के लिए और छः महीने रुकना पड़ता। विवाह अचानक तय हुआ। मुहूर्त भी ज़रूरी था। सभी अच्छे मंगल कार्यालय तब तक बुक हो चुके थे। अन्ततः यही एक ख़ाली मिला। और कोई विकल्प ही नहीं था, क्या करूँ?" मेरा उत्तर बिलकुल सरल था, "हमें जो मंगल कार्यालय चाहिए वह अपनी सुविधा के दिन तय किया होता और मुहूर्त का मुद्दा ही नहीं रखा होता तो अच्छा होता।" लेकिन यह सुखकर बुद्धिवादी विचार मैं अपने दोस्त को नहीं समझा सका। उसके अनुसार लिखित मुहूर्त पर विवाह होना बेटे के सुखकर वैवाहिक जीवन के लिए आवश्यक था।

उपर्युक्त विषय के सम्बन्ध में मैंने और अधिक विचार किया। इस कार्य के लिए मेरे सांगली शहर की संस्था के अध्यक्ष दत्ताजीराव माने ने सहायता की। 'मराठा समाज, सांगली' इस संस्था का सांस्कृतिक भवन है। वह विवाह कार्य हेतु उपलब्ध करवाकर दिया जाता है। साठ साल पार कर चुके दत्ताजीराव विचारों से क्रान्तिकारी हैं। उन्होंने सांस्कृतिक भवन पर फलक ही लगवाया कि 'चन्द्र, सूर्य, ग्रह, तारे। पत्थर आकाश में घूमनेवाले। विज्ञान से नाता जोड़ दो। मुहूर्त ढूँढ़ना छोड़ो।' साथ ही उन्होंने मुहूर्त देखे बिना विवाह करनेवालों के हर दिन के

किराए में 25 प्रतिशत की सहूलियत घोषित की। इसकी राशि कुछ हज़ारों में है। लेकिन आप जैसे युवाओं को अन्तर्मुख होकर सोचना चाहिए, सालभर में इस सहूलियत का फ़ायदा उठानेवालों में केवल एक युवक था।

ईसाई धर्म में विवाह-योग्य महीना, दिवस, मुहूर्त आदि नहीं देखा जाता। वर-वधू और परिवारजनों की सुविधा से चर्च में विवाह सम्पन्न कराने की पाश्चात्य देशों में परम्परा ही बन चुकी है। मुस्लिम समाज में भी वर-वधू और उनके परिवारजनों की सुविधा से ही विवाह का दिन और समय निश्चित होता है। बौद्ध धर्मीय भी पंचांग, मुहूर्त के झमेलों में नहीं पड़ते। महाराष्ट्र, पंजाब, दिल्ली, हिमाचल प्रदेश, उत्तर प्रदेश, दक्षिण भारत, बिहार आदि भागों में केवल पंचाग के अनुसार शुभ दिन देखा जाता है। विवाह निश्चित किए गए दिन शाम को बारात लेकर वर वधू के घर आता है। उस समय नाच-गाना, दावत आदि कार्यक्रम होता है और सुविधानुसार विवाह, सप्तपदी आदि बातें सम्पन्न होती हैं। रजिस्टर्ड पद्धति से होनेवाले विवाहों में तो मुहूर्त की गुँजाइश ही नहीं होती है। विवाह के मुहूर्त का आडंबर दक्षिण भारत में ही अधिक दिखाई देता है और समाज सुधारकों के महाराष्ट्र में बहुजन समाज भी उसका शिकार होता हुआ दिखाई देता है। पंचांग में मुहूर्त देखकर किए गए विवाहों के परिणामों में तथा कानूनी अधिकारों, पारिवारिक सन्तुष्टता और मुहूर्त देखे बिना किए गए विवाहों के परिणामों किसी भी प्रकार का गुणात्मक अन्तर दिखाई नहीं देता।

मुहूर्त की पराश्रित मानसिकता केवल विवाह तक सीमित नहीं रहती। रह भी नहीं सकती। किस-किस के लिए मुहूर्त देखा जाता है उसकी सूची (पंचांग के अनुसार और समय-समय पर बहुतों के द्वारा आचरण में लाई जानेवाली) देखी जाए तो भी दम घुटने लगता है। नूतन वास्तु में गृह प्रवेश, वास्तु-पूजा, यज्ञोपवीत-संस्कार, धान बोना, व्यापारी बही ख़रीदना, बॉयलर प्रदीप्त करना, सगाई की रस्म, विवाह तय करना, वाहन ख़रीदना, वाहन का इस्तेमाल आरम्भ करना, व्यवसाय आरम्भ करना, यात्रा आरम्भ करना, दरवाज़े की चौखट बिठाना, देवता की मूर्ति स्थापित करना, कुआँ ख़ुदवाना, विवाह हेतु शामियाना बनवाना, वर-वधू को हलदी लगाना, बच्चे का मुंडन, पहली बार हल चलाना, धान बोना, जानवर ख़रीदना, कोल्हू चलाना, विद्यारंभ करना, नए कपड़े पहनना, गर्भाधान, प्रसूतिका का मन्दिर जाना, बच्चे का कर्ण वेध करना, उसे पहली बार पालने में सुलाना, सोना ख़रीदना, वैद्यक अथवा वकील की सलाह

लेना, घर अथवा दुकान का स्थान बदलना आदि कार्यों के लिए पंचांग में मुहूर्त दिए हुए रहते हैं। विवाह, वास्तु-पूजा, यज्ञोपवीत-संस्कार आदि कुछ प्रसंगों को छोड़कर अन्य कार्यों के लिए मुहूर्त बताते समय विभिन्न नक्षत्र, घटिका, प्रहर, तिथि, पक्ष आदि का सम्बन्ध जोड़कर मुहूर्त बताने की प्रथा है। साथ ही हर कार्य के लिए मुहूर्त निश्चित करने की पद्धति भी भिन्न है। इस कारण उच्च उपाधि प्राप्त व्यक्ति भी पंचांग देखकर मुहूर्त निश्चित करते समय उलझन में पड़ जाता है। आख़िरकार उसे भी कथित अध्ययन कर चुके ब्राह्मण के पैर छूने पड़ते हैं। यह सब कुछ इस स्तर तक जा चुका होता है कि बच्चे अथवा जानवर का जन्म पंचांग के अनुसार निषिद्ध नक्षत्र पर हुआ होगा तो उसकी आत्मा को सीधे स्वर्ग जाने के लिए शान्ति के स्वरूप में कौन से विधि करनी है यह भी पंचांगकर्ता ही बताते हैं। ग्रहों की गति का प्रदीर्घ खगोलशास्त्रीय अध्ययन कर पंचांग की सीमाएँ लाँघ चुके दत्ताजीराव माने इसके विरुद्ध धैर्य से लड़ रहे हैं।

आप तो 16 से 25 के बीच उम्र के गर्म ख़ून के युवक हैं। जाओगे ना उनकी सहायता करने? नहीं, जाना ही चाहिए। अन्यथा ख़ुद को युवा कहने का हक़ आप खो बैठोगे।

आपका विवेकसाथी
नरेंद्र दाभोलकर

भ्रम पैदा करनेवाले विचारों से सावधान

प्यारे युवा दोस्तो और सहेलियो,

महाराष्ट्र में सर्वत्र घूमते समय एक प्रश्न मुझसे हमेशा पूछा जाता है और आप जो पत्र लिखते हो उसमें भी अक्सर यह सवाल होता है—"आजकल समाज में सर्वत्र नैतिकता का ह्रास हो रहा है। इस संकट से मनुष्य को बचाने के लिए धर्मश्रद्धा और ईश्वर आवश्यक हैं। आपका आन्दोलन इस ईश्वर और धर्म की ही चिकित्सा करता है, मनुष्य के मन में इस सम्बन्ध में आशंका निर्माण करता है। क्या इस कारण समाज और अधिक नीतिभ्रष्ट नहीं होगा?"

प्रस्तुत दलील भ्रामक है और इस विचारधारा में बदलाव लाना ज़रूरी है। ईश्वर और धर्म सम्बन्धी उपासना करने की सम्पूर्ण स्वतंत्रता भारतीय संविधान ने नागरिकों को दी है। समिति उसका आदर ही करती है। लेकिन नैतिक समाज बनाने हेतु इसका कितना उपयोग होता है इसे जाँचकर देखना होगा। व्यक्तिगत स्तर पर यथाविधि ईश्वर की पूजा करनेवाले और सभी धार्मिक कर्मकांड अत्यन्त आस्था से करनेवाले कई लोग हैं। तथाकथित सफलता प्राप्त करने के लिए व्यवहार में जिस आचरण की ज़रूरत होती है, उसे करते समय उन्हें कुछ भी अनुचित नहीं लगता। पाप, पुण्य, नीति, अनीति आदि कुछ भी उन्हें अखरता नहीं। फिर यह व्यवहार टैक्स न देने सम्बन्धी हो, कालाबाज़ार का हो, मिलावटी व्यापार का हो अथवा गबन का या फिर दूसरों की गर्दन मरोड़कर आपना स्वार्थ साधने का छल हो। ईश्वर-पूजा, धर्माचरण अलग और जीवन में सफल होने हेतु किया जानेवाला दैनिक व्यवहार अलग, इस प्रकार का दोहरा व्यवहार करने में कुछ ग़लत है ऐसा उन्हें नहीं लगता। साथ ही इस सन्दर्भ में और एक विपरीत अनुभव है और वह लगभग अघोषित नियम ही बन

चुका है। वह अनुभव मतलब व्यक्ति जितना अधिक भ्रष्टाचारी, षड्यंत्रकारी, विद्वेषी, झूठा, उतनी उसे ईश्वर भक्ति करने, और ख़ुद के धर्म की उपासना का आडंबर करने की ज़रूरत होती है। जैसे कि ख़ुद के अनुचित व्यवहार के कारण सदसद्विवेक को जो चुभन महसूस होती है, आप ऐसा मानेंगे नहीं) उस पर यह उपाय मतलब देव-धर्म की शरण में जाना। दूसरी तरफ़ बुद्धिवादी व्यक्ति विवेक-निष्ठा से सामाजिक धारणाओं का अधिक सापेक्षता एवं प्रामाणिकता से विचार करता है। समाज का निर्माण न्यायिक स्तर पर करने के लिए उसे ख़ुद प्रयत्नशील रहना होगा इसका उसे पूरी तरह एहसास होता है। जिन लोगों में धार्मिक भावनाओं की तीव्रता शिथिल पड़ जाती है अथवा नष्ट हो जाती है उनमें सामाजिक दायित्व, राष्ट्र प्रेम, सहिष्णुता, क्षमाशीलता आदि गुणों की वृद्धि थोड़ी अधिक दिखाई देती है। वह स्वाभाविक भी है क्योंकि स्वयं का व्यक्तित्व उन्हें स्वयं बनाना होता है। ईश्वर, धर्म और सदाचार का मिलाप करनेवाला कोई बहाना उनके पास उपलब्ध नहीं होता।

कुछ दिनों पूर्व गुजरात में हुए हिंसात्मक दंगों में इसका बहुत दुखद एहसास हुआ। धर्म सहिष्णुता का दावा करनेवाले और हर पल 'अहिंसा परमो धर्म:' कहनेवाले लोग हिंसा के तांडव में अपनी धार्मिक नीति का एहसास रखते हुए तुरन्त पहुँच गए इस प्रकार का चित्र कहीं पर भी नहीं दिखाई दिया। जो गए उन्हें ईश्वर या धर्म से कोई लेना-देना नहीं था। वे मानवता से बद्ध इहवादी वृत्ति के लोग थे। कौन सा धर्म मनुष्य को अनैतिकता सिखाता है? सभी धर्मों की नींव नैतिकता पर ही आधारित होती है, इस सिद्धान्त का प्रतिवाद ठीक ढंग से समझ लेना होगा। धर्म के दर्शन में और धर्मसंस्था में अन्तर है। व्यवहार में यह अन्तर तो बहुत ही भिन्न है। धार्मिक सिद्धान्तों में धर्म का अर्थ उदात्त माना जाता है लेकिन व्यवहार में मनुष्य के हिस्से में भ्रामक कल्पनाओं के अतिरेक का आग्रह, धार्मिक नेताओं के अहंकार, स्वार्थपरक आचरण ही आता है। सर्वाधिक पवित्र माने गए सिखों के सुवर्ण मन्दिर में खलिस्तान आन्दोलन के समय मादक पदार्थों के भंडार मिले। निरपराध लोगों की निर्मम हत्याएँ हुईं, स्त्रियों पर अत्याचार हुए, विदेशी शस्त्रास्त्रों के ढेर मिले। देश को तोड़कर अलग होने सम्बन्धी षड्यंत्र रचे गए। इस सब के साथ ही धर्म का आचरण भी कठोरता से हो रहा था। यह विसंगति क्या दर्शाती है?

समूह के स्तर पर धर्म-श्रद्धा बहुत बार विवेकहीन बनती है। धर्म के ठेकेदार

उसका जो अर्थ लगाते हैं उससे धर्म-श्रद्धा शोषण, दुख, अमानुषता का साधन बनती है। धर्म के नाम पर नैतिकता की अपेक्षा पाखंड और क्रूरता ही मनुष्य के हिस्से में आ रही है। इराक, ईरान, पाकिस्तान आदि उनके ही उदाहरण हैं। अफगानिस्तान में तो इसकी चरमसीमा का विकृत रूप कुछ दिनों पूर्व पूरे विश्व को दिखाई दिया। ये देश मुस्लिमधर्मी हैं। हिन्दू धर्मसहिष्णु और नैतिक हैं। अत: इस देश में धर्म के आधार पर नैतिकता का पोषण होगा यह मानने के लिए वास्तविकता का क्या आधार है? सती प्रथा की परम्परा और देवदासी प्रथा आदि इस देश के हिन्दू धर्म के ही अंग थे और आज भी छुआछूत, स्त्री को गौण स्थान देना आदि बातें केवल कानून के दस्तावेजों के स्तर पर ही नष्ट हो चुकी हैं। उपवास, व्रत, यज्ञयाग आदि के बारे में तो बात न करना ही ठीक होगा इस प्रकार की परिस्थिति है। चर्च, मस्जिद, मन्दिर आदि द्वारा इकट्ठा की गई करोड़ों रुपयों की सम्पत्ति मनुष्य को सुखी करने के लिए ही इस्तेमाल होती है इस प्रकार का अनुभव नहीं। इन सब में समाज-निर्माण हेतु कौन सी नैतिकता है विचार तो करें !

आपका विवेकसाथी
नरेंद्र दाभोलकर

गर्व से कहो हम अन्धविश्वासी हैं

प्यारे युवा दोस्तो और सहेलियो,

आप जैसे पाठक के लिखे एक पत्र के कारण मुझे आज का विषय सूझा है। पत्र का आशय इस प्रकार है, "गाड़ी, मोटरसाइकिल, ट्रक आदि में नीबू, मिर्च, काली गुड़िया इकट्ठा कर बाँधना इस कृति पर कानूनन पाबन्दी होनी चाहिए। ऐसा करनेवाले चालक का और गाड़ी का लाइसेंस रद्द करना चाहिए।"

आपकी क्या राय है? शायद कइयों को लगेगा कि इतना कठोर होने की ज़रूरत ही क्या है? होता है कुछ लोगों का (अन्ध) विश्वास, व्यक्तिगत समझ के अनुसार बाँधा नीबू और मिर्च, और लटका दी गुड़िया उलटी तो क्या बिगड़ा? सच कहें तो बहुत कुछ बिगड़ता है। इस प्रकार की कृति करनेवाला मनुष्य एकदम हमें अपनी आदिम अवस्था के मनुष्य के पास लेकर जाता है। मैं जो कहता हूँ उसे अगर ध्यान से समझना हो तो आदिम मनुष्य का श्रद्धा-व्यूह मालूम करना पड़ेगा।

मनुष्य को पृथ्वी पर आए दस लाख वर्ष हुए। कुछ लोग बीस लाख भी मानते हैं। उस दृष्टि से विज्ञान का इतिहास बहुत ही हाल ही का है। उसके पहले जंगल में घूमनेवाला, गुफा में सोनेवाला, वस्त्र न पहननेवाला मनुष्य ही अपना पूर्वज, अपार कुतूहल से विश्व को देख रहा था। डरता था। इस विश्व पर नियंत्रण करनेवाली शक्ति को उसने नाम दिया यातु शक्ति। इस यातु शक्ति की उपासना अर्थात् यातु धर्म का पालन और इस उपासना हेतु किया जानेवाला कर्मकांड मतलब यातु क्रिया। ऐसा करने पर अच्छा होता है मतलब बहुत बारिश होती है, अनाज उगता है, बीमारियाँ नष्ट होती हैं। इस प्रकार की शुभ बातें करनेवाली सभी क्रियाओं को कहा जाता था शुक्ल यातु और शत्रु तड़प-तड़प कर मर जाए, दुष्ट पड़ोसी को ख़ून की कै हो, या सौत बाँझ हो तो उस हेतु किए जानेवाले

कृत्य को कृष्ण यातु कहा जाता था। शत्रु को बीमार करनेवाली करतूत, उसका धन अपने आप अपने खज़ाने में लानेवाले टोटके, कपड़े जलानेवाली भानमति ये सब कृष्ण यातु। मतलब ब्लैक मैजिक अर्थात् काला जादू। अब तो इसके इलाज भी आ गए। उन इलाजों को नज़र न लगे, नुकसान न पहुँचे इसलिए नीबू ज़रूरी, उसे चुभाई हुई आलपिन अथवा बबूल के काँटे, मिर्च और काली गुड़िया भी आवश्यक हो गई। आदिम अवस्था में कार्यकारण भाव न समझनेवाले मनुष्यों ने ये उपाय ढूँढ़ निकाले। भारत में पहली रेल आरम्भ हुए अब डेढ़ सौ साल बीत चुके। उस समय मुंबई से छूटनेवाली और किसी भी प्राणी के सहायता बिना ठाणे शहर में पहुँचनेवाली रेलगाड़ी के बारे में अपार कुतूहल और बहुत डर भी था। इस कारण गाड़ी छूटते समय उसके इंजन पर काली गुड़िया, नीबू और मिर्च हमेशा बाँधा जाता था।

बीते डेढ़ सौ साल में विज्ञान ने जो उन्नति की है वह वर्णन से परे है। विज्ञान के विकास की यह तेज़ रफ्तार दाँतों तले उँगलिया दबा देती है। लेकिन दुर्भाग्य से समाज की विशेषता यह रही है कि विज्ञान का यह तेज़ प्रकाश भी उसके अन्धविश्वास का अन्धकार दूर नहीं कर सका है। कुछ साल पहले जो कुछ था वह स्वतंत्रता, शिक्षा, विज्ञान के प्रसार से दूर होगा ऐसा लग रहा था। लेकिन आज **स्थिति विपरीत** है। पाखंडी बाबाओं की संख्या अनगिनत हो चुकी है। उनका धंधा जोरों पर है। कर्मकांडों की भरमार हो चुकी है। उसमें ही सन्तोष माननेवाला अच्छा-खासा पढ़ा-लिखा (?) वर्ग है। वातानुकूलित कमरे में अत्याधुनिक संगणक की स्थापना, उस पर हलदी-कुमकुम अर्पित करना और सत्यनारायण के पूजा-पाठ की व्यवस्था करना यह आज के मनुष्य का आचरण है। इसका उसे ना खेद है ना एहसास। इस प्रकार के व्यवहार से शायद वह अपने आदिम पूर्वजों से गर्व से नाता जोड़ रहा है और कह रहा है, 'गर्व से कहो हम अन्धविश्वासी है!'

स्कूटर, रिक्शा, ट्रक में अमावस को इस्तेमाल हो रहा नीबू-मिर्च का प्रभाव सभी महानगरों में पिछले चार-पाँच साल में बहुत ही बढ़ चुका है। लेकिन यह उलटी बहनेवाली गंगा ही है। यातायात के नियम बेझिझक तोड़नेवाले वाहक, बढ़ती भीड़ के चलते सँकरे रास्ते, बढ़ते हुए वाहनों का तनाव, तेज़ रफ़्तार से वाहन चलाने का शौक़ आदि वाहनों के हादसों के पीछे प्रमुख कारण हैं। लेकिन उनके उपाय ढूँढ़ना तथा उस दृष्टि से स्वयं को और समाज को बदलने

की अपेक्षा काली गुड़िया, नीबू-मिर्च की सहायता से हादसों से बचने का दैवी-कवच प्राप्त करना अच्छा है क्या?

एक विशिष्ट महानगर का हमने अध्ययन किया। बाईस हज़ार रिक्शों में से लगभग अस्सी प्रतिशत रिक्शों में नीबू और मिर्च ख़रीदकर बाँधा जाता है। उन्हें सुखाकर ख़राब किया जाता है। ट्रकवालों का तरीका तो और भी भिन्न। लगभग पाँच हज़ार टैंपो या ट्रक इस दिन चारों पहियों के नीचे एक-एक नीबू दबाकर उसका रस मिट्टी में मिला देते हैं। दो पहिए वाले भी इसमें पीछे नहीं हैं। इस प्रकार एक अमावस को 'क' जीवन-सत्व के लगभग पचास हज़ार रस भरे नीबू गर्व से अन्धविश्वासी आचरण के कारण बरबाद किए जाते हैं। विशेष बात यह है कि देश के अधिकांश बच्चों को 'क' जीवन-सत्व की मात्रा की अत्यधिक ज़रूरत होने के बावजूद भी यह सब बिना रोक-टोक के चलता है। अब तो हर अमावस के दिन हर चौराहे पर इस धंधे को संघटित और बरकत होने का स्वरूप प्राप्त हो चुका है।

मेरे युवा दोस्तो, अन्धविश्वास के विरुद्ध लड़ने के लिए आपका मन आक्रोश कर रहा हो और बाँहें फड़फड़ा रही हों तो ख़ुद के घर की चौखट पर और वाहन पर लटकाए नीबू, काली गुड़िया को मजबूत हाथों से तुरन्त खींचकर सम्भव हो तो अमावस के दिन चौराहों पर उनकी होली जलाओ और वैसा मुझे लिखो भी। मुझे आप पर गर्व महसूस होगा।

आपका विवेकसाथी
नरेंद्र दाभोलकर

वास्तुशान्ति की पूजा करने से पहले

प्यारे युवा दोस्तो और सहेलियो,

मुझे इस बात की जानकारी नहीं है कि आप में से कितने लोगों के पास अपने (मतलब माता-पिता के) अधिकार का वास्तु अर्थात् मकान है। लेकिन आपके पास वह होना चाहिए और नहीं होगा तो मिलना चाहिए। स्वकर्तत्व से आपको उसका निर्माण करना चाहिए, इस हेतु मेरी शुभकामनाएँ आपके साथ हैं ही। बहुत आनन्दायी बात होती है ख़ुद का मकान होना। आनन्द देनेवाला, प्यार, सुरक्षा एवं अपने जीवन के सुख-दुखों का मौन गवाह। इतना बड़ा महत्त्व जिस वास्तु का होगा उस वास्तु में किया जानेवाला प्रवेश भी काल-परम्परा के अनुसार, धर्म-शास्त्र सम्मत, समग्र रूप में होना चाहिए या नहीं? आप में से बहुत से लोगों का उत्तर होगा—'यह क्या सवाल हुआ?' वास्तु प्रवेश तो पूरे परिवार के लिए आनन्दोत्सव। उसे उसी ढंग से मनाना चाहिए।

मुझे सब कुछ याद आने का कारण है आप जैसे युवा दोस्त से मिला पत्र। वह बहुत उत्साही एवं बुद्धिमान है और फ़िलहाल शिक्षा भी ले रहा है। परिवार के निर्णय में आग्रहपूर्वक ख़ुद के मतों को अभिव्यक्त करनेवाला है। उसने लिखा है, "सालभर पहले मैं भी अपने परिवार एवं दोस्तों जैसा ही था लेकिन जैसे-जैसे अख़बार में आपके विचार पढ़ता गया वैसे-वैसे बदलता गया। मेरा बदलाव और पिताजी द्वारा बन रही इमारत का काम जैसे विभिन्न स्तरों पर एवं समांतर रूप से होता गया। साल भर पहले भूमि पूजन कर इमारत का निर्माण आरम्भ हुआ। लेकिन मकान को चौखट बिठाने तक और चौखट को काली गुड़िया बाँधने के निश्चय तक मेरी आँखों की पट्टी हट चुकी थी। कुछ महीने बीत गए, ख़ूबसूरत इमारत पूरी हो गई। बड़ी धूम-धाम से वास्तु-शान्ति पूजा, गृह-प्रवेश सब कुछ

शगुन देखकर धर्म का पालन कर ब्राह्मण की आज्ञानुसार करना तय हुआ है। तत्पश्चात सत्य-नारायण की पूजा भी होगी।"

अब युवा दोस्त के घरवालों का सवाल है कि चलो रखी बुद्धि गिरवी तो क्या बिगड़ा? यह बुद्धि गिरवी रखने पर क्या नहीं बिगड़ता? यह प्रतिप्रश्न दोस्त के घरवालों से ही पूछा जाना चाहिए। उस युवा दोस्त को अपना विरोध कितनी तीव्रता से करना चाहिए इस बारे में हम दोनों में मतभेद है। पिता को अपने परिश्रम से निर्माण कराए मकान की शान्ति पूजा करने का हक उन्हें लोकतंत्र मार्ग से है ही। लेकिन जल्दबाजी में किए गए विरोध से यह विचार स्वीकार होने की अपेक्षा परिवार का सामंजस्य ख़त्म होने की सम्भावना ही अधिक है। इस बात को ध्यान में रखकर समझदारी से निर्णय लेना चाहा तो कम से कम वास्तु पूजा की निरर्थकता तो हम समझनेवाले हैं या नहीं? केवल एक ही उदाहरण देता हूँ।

वास्तु की सुरक्षा का अभय मिलने हेतु मनुष्य की पालनकर्ता दैवी शक्ति के साथ उसका सम्बन्ध काफ़ी प्राचीन काल से जोड़ा गया है। इसके लिए ही मनुष्य की साकार संकल्पना के साथ दैवी, असुर, और मानवी रूपों को पौराणिक कथा के आधार पर जोड़ा गया। कथा का आशय इस प्रकार था—देव और दानवों के युद्ध में असुर हार गए। अतः दैत्यों के गुरु भार्गव जी ने विजय प्राप्ति हेतु यज्ञ किया। उनके स्वेद बिंदु यज्ञ भूमि पर पड़े। उसमें से यज्ञ का बलि पुनर्जीवित हुआ। बढ़ते-बढ़ते उसका एक महाकाय छागासुर बना। भार्गव की आज्ञा से उसने स्वर्ग तक छलाँग लगाकर देवताओं को स्वर्गलोक से निष्कासित किया। फिर सभी देवता भगवान शंकर जी की शरण में गए। उन्होंने एक भूत का निर्माण कर पहले भार्गव तत्पश्चात छागासुर दोनों का अन्त करने की आज्ञा दी। भार्गव ने चतुराई से पलायन कर सीधे भगवान शंकर जी के कानों में से उदर में आश्रय लिया। शंकर जी ने उन्हें अभय दिया। अभय मिलते ही भार्गव ने शुक्र मार्ग से स्वयं को आज़ाद किया। इस प्रकार शुक्राचार्य बन चुके भार्गव जी ने छागासुर को जान बचाने हेतु शंकर जी को साष्टांग प्रणाम कर शरण जाने के लिए कहा।

उसे शंकराभिमुख मतलब ईशान्य की ओर औंधे मुँह केवल गिरी हुई स्थिति में सशर्त आश्रय मिला। शर्त इस प्रकार थी कि छागासुर को वहाँ से न उठकर अपने शरीर पर देवताओं को रहने के लिए स्थान देना होगा। इस प्रकार इमारत का भूखंड वास्तु पुरुष असुर द्वारा व्याप्त रहता है और उसके शरीर के विभिन्न अवयवों पर विविध देवताओं का अधिष्ठान रहता है। वास्तु पूजन द्वारा हम इस

वास्तु पुरुष के अन्तर्गत दैवी और असुरी शक्तियों को प्रसन्न कर लेते हैं। इसी कथा का दूसरा रूप कहता है—भगवान शंकर का अन्धकासुर के साथ युद्ध हुआ। उस समय शंकर के धर्म बिंदु से एक महाभूत निर्माण हुआ। अन्धकासुर का ख़ून पीकर भी उसकी भूख ख़त्म नहीं हुई। उस समय शंकर ने उसे वर दिया, "वास्तु पुरुष की पूजा करते समय जो बलि भोग दिया जाएगा वह तुझे खाने के रूप में मिलेगा और जो लोग वास्तु पुरुष को बलि न देकर वास्तु का निर्माण करेंगे वह वास्तु ही तुम्हारा भक्ष बनेगा।"

युवा दोस्तो, इस प्रकार की निराधार, निरर्थक पुराण कथाओं पर विश्वास रखकर भटशाही को स्वीकार कर किसी भट के हाथों क्यों करनी है वास्तु पूजा? क्या यह सवाल ग़लत है? यह सच है कि वास्तु का निर्माण मालिक के धन से होता है लेकिन उस हेतु कई प्रकार के मज़दूर कड़ी मेहनत करते हैं, सुन्दर वास्तु का निर्माण ख़ुद के हाथों से करते हैं और 'इदम न मम' कहकर पसीना बहाने के लिए दूसरे वास्तु की ओर जाते हैं। वास्तु पूर्ण होने की ख़ुशी में नींव खोदनेवाले मज़दूरों को, ईंट का काम करनेवाले कारीगर को, चौखट-दरवाज़ा बिठानेवाले बढ़ई को, छत बनाने हेतु सीमेंट के बोरे ढोनेवाले मज़दूरों को और वास्तु निर्मिति हेतु जिन-जिन लोगों के हाथ लगे उन सब को आग्रहपूर्वक सम्मिलित कर लेना चाहिए। मज़दूर को नए कपड़े, उसकी पत्नी को साड़ी-चोली, बच्चों को तख्ती-पुस्तक, सबको मीठे पक्वान्न ही वास्तव में वास्तु-शान्ति पूजा है। यह मैंने नहीं महात्मा फुले जी ने ही कहा है—

विगत काल की हुई होली धरो कल की पताका ऊँची
पुराण आपका, आपके लिए निर्माण हो रही नई पीढ़ी।

आपका विवेकसाथी
नरेंद्र दाभोलकर

इसकी छान-बीन कर ही लो

प्यारे युवा दोस्तो और सहेलियो,

नगर ज़िले की अकोला तहसील में कॉलेज में भाषण देने के लिए मैं गया था। नगर सत्यशोधक विचारों की परम्परा बतानेवाला, कभी प्रगतिशील आन्दोलन में अग्रणी रहनेवाले ज़िला है तो अकोला आदिवासी तहसील है। स्वाभाविक रूप से परिवर्तन की चाहत रखनेवाले शोषितों का प्रमाण वहाँ बहुत था। भाषण के पहले प्रधानाचार्य जी के कमरे में बातें हो रही थीं। मैंने पूछा, "वैसे मेरा विषय बहुत बड़ा और व्यापक है। उसमें से किस विषय पर बोलूँ?" इस पर उस प्रगतिशील शिक्षा संस्था के ईमानदार संचालक बिलकुल हृदय से बोले, "डॉक्टर, आप जो चाहो वो बोलो लेकिन एक मुद्दे का ज़िक्र ज़रूर करो। फ़िलहाल हमारी तहसील के गाँव-गाँव में एक ही कार्यक्रम 'नाम सप्ताह' बड़ी धूमधाम से हो रहा है। इसके लिए गाँवों से लाखों में चन्दा इकट्ठा होता है। इतने रुपये एक बार जमा होने के बाद किसी भी सार्वजनिक काम के लिए रुपये मिलना मुश्किल हो जाता है। लेकिन इसका विरोध करना मतलब पानी में रहकर मगर से बैर। बड़े-बड़े कीर्तनकार एक-दूसरे की होड़ में बुलाए जाते हैं। उनके मानधन के आँकड़े आश्चर्यचकित कर देनेवाले होते हैं। उनकी दृष्टि से लोगों की अध्यात्म की भूख मिटाने का यह व्यवसाय ही होता है। इन कार्यक्रमों के लिए हमारा विरोध नहीं लेकिन तहसील में जैसे होड़ ही लगी हो इस प्रकार कार्यक्रम किए जाते हैं। आख़िरी दिन भंडारा हेतु कार्यक्रम के लिए आस-पास के लगभग सभी गाँवों में से लोग आते हैं। विकास के सभी मुद्दे भक्ति की इस लहर से कंकर जैसे निकाल फेंके जाते हैं। इस बारे में आप कुछ तो बोलो ही।"

व्याख्यान के लिए छात्रों की बहुत बड़ी भीड़ थी। आस-पास के देहातों से

वे आए थे। मैं उन्हें इस मुद्दे का सन्दर्भ देकर बोला, "गाँव में जिस समय 'नाम सप्ताह' हेतु चन्दा इकट्ठा किया जाएगा उस समय जमा धनराशि से कम से कम 50 प्रतिशत धनराशि तो गाँव की शिक्षा हेतु ख़र्च होनी चाहिए। इस प्रकार का आग्रह आपकी शिक्षा संस्था क्यों नहीं करती?"

तत्पश्चात् महाराष्ट्र में घूमते समय मैंने इस बारे में अधिक सजगता से विचार किया। तब मुझे इस सन्दर्भ में और वास्तविकता का पता चला। पिछले दो-चार साल में विभिन्न गाँवों में से इस प्रकार का चन्दा लेकर कौन-कौन से कार्य सम्पन्न हुए इस बारे में जानकारी हासिल की। मेरे ध्यान में आया कि बड़ी मात्रा में चन्दा इकट्ठा हुआ है और ख़र्च भी हुआ है। इसमें नए मन्दिरों का निर्माण करना, पुराने मन्दिरों का जीर्णोद्धार करना अथवा हरिनाम सप्ताह बड़ी धूम-धाम में आयोजित करना ये कार्य प्रमुख थे। एक गाँव में तो गणपति का सुन्दर मन्दिर बनवाया गया था। विशाल गर्भगृह, भव्य छत, आस-पास सुन्दर बगीचा, सब कुछ आकर्षक और ठीक-ठाक था। लेकिन बुद्धि की देवता श्री गजानन के मन्दिर का निर्माण करते समय गाँववाले ज्ञान का प्रसार करनेवाली पाठशाला को पूरी तरह भूल गए थे। बच्चों का खेल-मैदान कूड़ाखाना हो गया था। एक कक्षा की दीवार कई सालों से टेढ़ी हो गई थी। कभी भी उन छोटे बच्चों पर गिर पड़ेगी ऐसी स्थिति थी। लेकिन धन के अभाव में सुधार सम्भव नहीं हो पा रहा था। दरवाज़े टूटे हुए थे। पीने के पानी अथवा कक्षाओं के फलक का कहीं पता ही नहीं था। चौथी कक्षा के छात्रों को ठीक ढंग से न अपना नाम लिखना आता था न दस तक पहाड़े। लेकिन गाँववालों को इस तरफ़ ध्यान देने की ज़रूरत नहीं महसूस हुई। गणपति का सुन्दर मन्दिर निर्माण करने की ख़ुशी में ही वे सन्तुष्ट थे। कृपया इस बात को समझें कि मेरा विरोध मन्दिर निर्माण अथवा 'नाम सप्ताह' के लिए नहीं है। जिन लोगों का इसमें आनन्द मिलता है, प्रसन्नता, शान्ति मिलती है उन्हें वह ज़रूर करना चाहिए। उनका वह पूर्ण अधिकार है। इस हेतु लोगों से चन्दा इकट्ठा करना चाहिए लेकिन कुछ सन्तुलन भाव होना चाहिए ना? गणेश मन्दिर का निर्माण किया तो विद्या मन्दिर के बारे में भी मन में विचार आने चाहिए थे। गाँव की सफ़ाई, शिक्षा, आरोग्य, जलसंचय आदि प्रश्न सरकार के हवाले कर अपनी पूरी साधन सामग्री धार्मिक समारोह हेतु इस्तेमाल करना ठीक लगता है आपको?

इसकी चरम सीमा तो मैंने पिछले साल चाकूर, ज़िला लातूर में देखी। कुछ

साल पहले चाकूर गाँव की तहसील के रूप में उद्घोषणा हुई। लेकिन विकास के बारे में आज भी स्थिति गम्भीर ही है। ना ठीक ढंग के रास्ते है ना बन्द नालियाँ। इतना ही नहीं, तहसील कचहरी और पुलिस थाना अभी भी पुराने ग्रामपंचायत की बिल्डिंग में ही स्थित है। इस प्रकार के गाँव में पिछले साल एक धनवान बिल्डर ने पाँच करोड़ जमा कर का सत्यसाईं बाबा का अत्यन्त आलीशान मन्दिर बनवाया। मुख्यमंत्री महोदय ने तुरन्त उसे पर्यटन स्थल घोषित किया। आपके जैसे हज़ारों होशियार छात्र चाकूर के महाविद्यालय में पढ़ते हैं। उसका स्तर भी अच्छा है लेकिन छात्रों को अभी इकट्ठा बैठने के लिए बड़ा सभागार नहीं है और दूसरी तरफ़ पाँच करोड़ का मन्दिर बन चुका है। दुख तो इस बात का है कि किसी भी युवक को इस सन्दर्भ में आवाज़ उठाने की ज़रूरत महसूस नहीं हुई। युवा दोस्तो, मेरे आलेख पढ़कर आप जैसे कइयों के ख़त मुझे आते हैं। उनके खौलते ख़ून को कुछ तो क्रान्तिकारी कार्यक्रम चाहिए इस प्रकार की उनकी माँग रहती है।

एकाध चमत्कार अथवा बाबा का पर्दाफ़ाश करनेवाले कार्य में वे दिल से सम्मिलित होना चाहते हैं। यथासमय वे करेंगे ही। लेकिन फ़िलहाल एक काम करोगे? बीते पाँच सालों में आपके परिचित किसी भी गाँव, शहर अथवा वार्ड में धार्मिक समारोह हेतु कितने रुपये इकट्ठा हुए और साथ ही जनता की शिरकत से अन्य कौन सा विधायक कार्यक्रम सम्पन्न हुआ इसका अध्ययन कीजिए। आय-व्यय लिखिए और मुझे बताइए। जिससे मेरे ज्ञान में वृद्धि होगी और महाराष्ट्र के सामने एक नया चित्र साकार होगा। करोगे ना इतना?

आपका विवेकसाथी
नरेंद्र दाभोलकर

निर्भय बनो

प्यारे युवा दोस्तो और सहेलियो,

बारिश की झड़ी लगी हुई थी। पड़ोस के गाँव में लगभग हर घर में किसी न किसी बीमारी से लोग पीड़ित थे। लेकिन उस गाँव के लोग कुछ अकल्पित और बड़ी तेज़ी से फैलनेवाली संक्रामक बीमारी की वजह से डरे हुए थे। गाँव में देवी की एक पॉवरफुल भगत थी। उसके बारे में गाँव में ख़ौफ़ था। उसने देवी को क़ौल लगाया। देवी ने क़ौल दिया कि मेरी ही हवा गाँव में फैली हुई है। मन्दिर का निर्माण करे दो साल हो गए परन्तु उत्सव हेतु लगनेवाले ढोल-बाजे मेरे लिए अभी भी नहीं लाए गए, इसका मुझे क्रोध है। देवी रेणुका माता का कहना भगतबाई ने गाँववालों को बताया। बीमारी से परेशान, धन का अभाव, इच्छा न होकर भी घर-घर से चन्दा इकट्ठा किया गया। लेकिन इसके बावजूद देवी शान्त नहीं हुईं। सोने का कम से कम एक गहना उसे भक्तों द्वारा देना होगा इस प्रकार की दूसरी माँग भगतबाई के मुख से गाँव तक पहुँची। सहा भी नहीं जाता और बताया भी नहीं जाता इस अवस्था के कारण गाँववाले मेरी तरफ़ आए थे। उन्हें मुश्किल में न डालते हुए मुझे देवी का बन्दोबस्त करना चाहिए इस प्रकार उनकी माँग थी।

इसी प्रकार एक शिक्षित दम्पती एक बार दूर के गाँव से मेरे घर आए। बेटे का विवाह तय हो रहा था। लड़का लाखों में एक। लड़की भी उसे उसके मुताबिक ही मिली। विवाह लगभग निश्चित हुआ था। इतने में लड़कीवालों की मानो मति मारी गई। उन्होंने सहजता से दोनों की जन्म पत्रिकाएँ ज्योतिषी को दिखाईं और लड़की तीव्र मंगली निकली। लड़के के माता-पिता को लड़की बहुत पसन्द थी लेकिन मंगल की वक्र दृष्टि हुई तो क्या करेंगे, इस प्रकार

का मन में डर था। इसलिए वे मेरी सलाह चाहते थे। मज़ेदार बात तो यह थी कि दोनों विज्ञान शाखा से उपाधि प्राप्त थे। मंगल क्या है इस बारे में उन्हें पूर्ण खगोल शास्त्रीय जानकारी थी। लेकिन खगोलीय मंगल अलग होता है इस ज्ञान के आधार पर मंगली लड़की को स्वीकार कर वे धोखा तो नहीं मोल ले रहे हैं इस बात की वे मुझसे छान-बीन कर रहे थे।

इसी प्रकार एक अवकाश प्राप्त पुलिस महासंचालक महोदय का मज़ेदार और आश्चर्यजनक अनुभव सामने आया। वे अवकाश प्राप्त थे, और कई सालों से एक महिला के भक्त थे। दो लाख ख़र्च कर उन्होंने उसके आश्रम में दो कमरे बनवा दिए थे। उसके कहने पर बहुत से रुपये उन्होंने विभिन्न कामों पर और भी ख़र्च किए थे। अचानक उन्हें एहसास हुआ यह औरत पाखंडी है। फिर उन्होंने उस औरत ने किस प्रकार चूना लगाया गया है, इसकी मुझे कहानी बताई और सलाह माँगी। मैंने कहा, "आप मुझसे सलाह ले रहे हैं इस बात पर मुझे आश्चर्य लगता है। उस औरत ने सीधे आपको फँसाया है। शायद आपके पास उस सन्दर्भ में बहुत से प्रमाण भी हैं। आप वरिष्ठ पुलिस अधिकारी रहे हैं। इस कारण यह क़ानूनन गुनाह हो चुका है इसे किसी को बताना ज़रूरी नहीं है। आप उचित कार्यवाही कर उस औरत को सज़ा दिला दो।" तत्पश्चात् उनका मुझे प्राप्त पत्र अन्धविश्वास उन्मूलन की आवश्यकता स्पष्ट करनेवाला था। उन्होंने लिखा था, "आपका कहना सही है, मैं उस पर पुलिस कार्यवाही कर सकता हूँ लेकिन मेरी पत्नी और मुझे लगता है कि आप एक बार हमारे घर आएँ। उस औरत को नज़दीक से देखें। उसमें दैवी शक्ति नहीं है ऐसा आपने कहा तो हम उसे छोड़ेंगे नहीं।"

युवा दोस्तो, क्या सभी घटनाओं का अर्थ आपकी समझ में आया? अपने आस-पास जो कुछ घटित होता है वास्तविक रूप में उसका अर्थ हमारी समझ में आता है। जैसे गाँव में बीमारी क्यों फैली, यह गाँववालों की समझ में आता है। अपने आस-पास की घटनाओं के वैज्ञानिक सहसम्बन्ध हमें पता होते हैं। जैसे सूर्य-कुल और मंगल की खगोलशास्त्रीय जानकारी उस दम्पती को थी। धोखे से बचने के लिए कानून है यह अवकाशप्राप्त पुलिस महासंचालक को औरों द्वारा बताने की ज़रूरत नहीं थी। इसके बावजूद वे गाँववाले, वह दम्पती, और अवकाशप्राप्त पुलिस महासंचालक क्यों डरे हुए थे? इसका उत्तर है शास्त्र पता होने के बावजूद उन्हें लगता था कि शास्त्र के परे भी कुछ तो होगा और क्या पता

उससे कुछ नुकसान हुआ तो? क्यों रिस्क लें?

युवा दोस्तो, आप अगर इस प्रकार की सोच रखते हो तो आपके लिए प्रयुक्त होनेवाले प्रतिशब्द 'नौजवान' का आपको त्याग करना ही ठीक रहेगा। हर पल विज्ञान द्वारा निर्मित साधनों का इस्तेमाल करने का मतलब वैज्ञानिक दृष्टिकोण को स्वीकार करना नहीं है। वैज्ञानिक दृष्टिकोण का महत्त्वपूर्ण अर्थ है मनुष्य का मन मुक्त करने के लिए सहायक होना। मुक्ति का परिचय मतलब निर्भयता। हमारे पास अनुसंधाता वृत्ति होनी चाहिए ही लेकिन उसके साथ कृतिशील निर्भयता भी आवश्यक ही है। विचार करोगे ना?

आपका विवेकसाथी
नरेंद्र दाभोलकर

जनेऊ तोड़ डालो!

प्यारे युवा दोस्तो और सहेलियो,

शीर्षक पढ़कर आश्चर्य हुआ न? मन ही मन कुछ लोग कहेंगे कैसा उपनयन, कैसा जनेऊ अब कौन विश्वास करता है? तो कुछ कहेंगे हमारे हिन्दू धर्म की पवित्र विधि पर इन्हें बोलने का क्या हक है? उपनयन होता है तो गले में जनेऊ डाला जाता है। यह विधि अगर निरर्थक है तो इसे छोड़ना ही अच्छा है। लेकिन वास्तवकिता बिलकुल अलग है। कई परिवारों में मन से यह विधि की जाती है। पहले अध्ययन का आरम्भ करने हेतु यह विधि होती थी। आज भी हर एक के जीवन में कभी न कभी शिक्षा का आरम्भ होता ही है लेकिन उसके लिए उपनयन संस्कार करना ज़रूरी नहीं है। देश के संविधान ने ही हर एक बालक की प्राथमिक शिक्षा मुफ़्त और अनिवार्य की है। लेकिन उपनयन किसका होता है? परम्परागत धर्मशास्त्र के अनुसार उपनयन का अधिकार किसी भी स्त्री को नहीं है। क्षुद्रों को भी नहीं है। वह केवल तीन ही वर्गों को प्राप्त है। तो प्रत्यक्ष व्यवहार में गर्व से केवल ब्राह्मण वर्ग में किया जाता है। इस देश के बहुसंख्यक लोगों का हज़ारों साल तक ज्ञान का अधिकार ही नकारा गया। विशिष्ट वर्ग को ही वह प्राप्त था। कमाल की विसंगत परम्परा थी। जिस वजह से इस देश के अधिकांश लोग मतलब पूरा देश ही पिछड़ गया। अत: एक छोटे वर्ग के हितसम्बन्धों की पैतृक अधिकारशाही का सूचक रहा जनेऊ समारोहपूर्वक धारण करना मतलब विसंगति को स्वीकार करने जैसा ही नहीं है? इस पर कुछ लोग बचकानी दलीलें देते हैं। जैसे कि सभी वर्ण, जाति के स्त्री-पुरुषों को जनेऊ पहनने होंगे। इस प्रकार का निरर्थक और पिछड़ा व्यवहार सभी करें, कहना ठीक नहीं है। दूसरी बात, किसी भी धर्म के अधिकृत प्रवक्ता इन बदलावों का

स्वीकार नहीं करते हैं। उपनयन के सन्दर्भ में किसी ने ऐसा बदलाव किया नहीं और आवश्यकता भी नहीं। भलाई इसी में है कि विषमता का प्रतीक रहा यह जनेऊ सभी को स्वयं त्याग देना चाहिए। जयप्रकाश नारायण इस देश के स्वतंत्रता आन्दोलन के और स्वतंत्रता पश्चात् सम्पूर्ण क्रान्ति संघर्ष के सर्वस्वीकृत नेता थे। अत: समतावादी समाज का निर्माण करने हेतु उन्होंने उद्घोषणा की थी 'जनेऊ तोड़ो-मनुष्य जोड़ो।' लेकिन रुढ़ि, परम्पराओं की बेड़ियाँ राजकीय ग़ुलामी की बेड़ियों से भी मजबूत होती हैं इसका परिचय मिलता है। जनेऊ समाज में सम्मान प्राप्त कर रहा है। अब तो दावा करने का विपरीत प्रयास आरम्भ हो चुका है, जैसे यह तो प्राचीन धर्म उपचार है, इसके पीछे विज्ञान था। धर्म और जनेऊ को जोड़ देकर जनेऊ की गाँठ किस प्रकार पक्की की जाती है, इस सम्बन्ध में एक प्रकाशक द्वारा प्रकाशित पुस्तक 'शास्त्र इस प्रकार कहता है' में लिखित वर्णन मुझे प्राप्त हुआ। संक्षेप में वह इस प्रकार है—

जनेऊ मतलब यज्ञोपवीत। उसमें ही ब्रह्मसूत्र यह शास्त्रीय संज्ञा है। हर लड़ी में तीन धागे होते हैं। कुल नौ धागों पर अनुक्रम में ओंकार, अग्निदेवता, नाग, सोम, पियू, प्रजापति, वायु, यम, सभी देवताएँ प्रतिष्ठित रहते हैं। मल-मूत्र का त्याग करते समय जनेऊ दाहिने कान में रखा जाता है। इसके पीछे ऊपरी तौर पर माना गया व्यावहारिक उद्देश्य नज़रअन्दाज़ किया जाए तो उसका शास्त्रीय (!) कारण इस प्रकार है—आदित्य, वसु, रुद्र, वायु, अग्नि, धर्म, वेद, आप, सोम, सूर्य, अनिल आदि सभी देवताओं का वास दाहिने कान में रहता है। दाहिने कान को केवल स्पर्श किया तो भी आचमन का फल मिलता है। ऐसे पवित्र दाहिने कान पर यज्ञोपवीत रखने से उसे मलमूत्र विसर्जन की अशुचि अवस्था बाधा नहीं करती। इसके साथ ही दाहिने कान के ऊपर की नस और अंडकोष का अनन्य सम्बन्ध रहता है। मूत्रोत्सर्ग के समय सूक्ष्म वीर्यस्त्राव होने की सम्भावना रहती है। दाहिने कान को जनेऊ लटकाने से शुक्र नाश से बचाव होता है। मनुष्य की पीठ पर से जानेवाली एक प्राकृतिक रेखा अतिसूक्ष्म नस छुईमुई के पौधे जैसी होती है। यह नस अगर संकोच की अवस्था में होगी तो काम, क्रोध आदि विकारों से मनुष्य ख़ुद को दूर रख सकता है। जनेऊ के कारण इस प्राकृतिक नस को संकोच होता है और उसमें स्थित विकारों के दोष कम हो जाते हैं।

युवा दोस्तो, वैद्यकीय विज्ञान आज बहुत तरक्की कर चुका है। शास्त्र इस प्रकार कहता है कहकर उपर्युक्त लिखित कथन पर स्पष्ट प्रश्न पूछना चाहिए

कि क्या शास्त्र इस प्रकार थोथा विवेचन करता है? सबूत दिखाओ। साबित कर दो, अन्यथा पटक दो अपने शास्त्र के बोरिया-बिस्तर को। अन्धविश्वास घातक है शास्त्र के नाम पर, वेदों की सहायता से उसका आग्रह धरना अतिरेक ही है। इस पर एक ही उपाय है—युवाओं को जाग्रत करना, विवेकशील बनाना, आँखों का परदा हटाना, निर्भय बनाना और विसंगति का प्रतीक रहा जनेऊ युवा गले में डालेंगे नहीं, और डाला जाए तो तोड़ने की भी हिम्मत रखेंगे। इसका निश्चय कर, उस हेतु आग्रह भी करना होगा। सम्भव है?

आपका विवेकसाथी
नरेंद्र दाभोलकर

क्षमा करो कलाम...लेकिन आप भी?

प्यारे युवा दोस्तो और सहेलियो,

इस बार छोटा मुँह बड़ी बात कर रहा हूँ लेकिन कोई चारा नहीं। भीष्म और द्रोणाचार्य महान हैं लेकिन अन्याय के पक्षघर-समर्थक, उन पर भी शर-संधान करना पड़ा यह महाभारत का ही उदाहरण है।

मो. अब्दुल कलाम भारत के श्रेष्ठ शास्त्रज्ञ, राष्ट्रपति लेकिन इस कारण ही वेदना की तीव्रता बढ़ी। पुट्टपर्थी के सत्यसाईं बाबा के जन्मदिन समारोह एवं उपाधि प्रदान समारोह के समय उपस्थिति की उनकी तसवीरें पिछले हफ़्ते सर्वत्र प्रकाशित हुईं। भारतीय संविधान में वैज्ञानिक दृष्टिकोण का स्वीकार करना हर नागरिक का कर्तव्य माना गया है। मूल्य शिक्षा में उसका समावेश है, यह बात मेरे जैसे क्षुद्र को राष्ट्रपति महोदय से क्या कहनी? लेकिन सत्यसाईं बाबा को अपनी उपस्थिति से सम्मानित करने के कारण मजबूरन लिखना पड़ रहा है।

सत्यसाईं बाबा का दावा उन्हीं के शब्दों में इस प्रकार है—My miracle is my visiting card. मतलब चमत्कार करने की ईश्वर की मुझे दी हुई अद्‍भुत शक्ति ही मैं ईश्वर का दूत हूँ इसकी परिचायक है। एक-दो बार नहीं कई बार सत्यसाईं बाबा को उनके कथित चमत्कार सिद्ध करने के लिए चुनौती दी गई है, और उनके किए हुए कथित चमत्कारों के कुछ महत्त्वपूर्ण उदाहरण पाखंड होने सम्बन्धी पुख़्ता सबूतों के साथ उन्हीं के पास लौटाए गए हैं। उनके चमत्कार यानी हाथ की सफ़ाई के सामान्य तरीक़े किस प्रकार हैं इस सम्बन्धी कई वीडियो उपलब्ध हैं। इतने ढेर सारे सबूत उपलब्ध होने के बाद बाबा का इस सम्बन्धी शास्त्रीय जाँच कर लेने हेतु साफ़ इनकार कर देना स्वाभाविक ही था। ये सभी व्यवहार धोखाधड़ी के समर्थक होने के कारण नैतिक भ्रष्टता के

सिद्ध होते हैं। इस प्रकार के व्यक्ति के उपाधिप्रदान समारोह में राष्ट्रपति महोदय का जाना समाज में अत्यन्त ग़लत सन्देश देता है। पाखंड प्रतिष्ठित होता है। वैसे कहा जाए तो चमत्कार वैज्ञानिक कसौटी पर सिद्ध करो अन्यथा यह धोखाधड़ी बन्द करो, इस प्रकार राष्ट्रपति महोदय ने बाबाजी को स्पष्ट शब्दों में समझाना चाहिए था लेकिन यहाँ विपरीत ही हुआ।

लेकिन दोस्तो, इस एकमात्र वजह से ही मुझे दुख नहीं हुआ है। समाचारों में कहा गया कि आध्यात्मिक गुरु सत्यसाईं बाबा से मिलने राष्ट्रपति महोदय गए। अब अध्यात्म की सर्वस्वीकृत परिभाषा नहीं है लेकिन आध्यात्मिक पुरुष किसे कहा जाए तो उसकी पहचान इस प्रकार है कि ऐसे व्यक्ति जीवन में संयमी, अपरिग्रही और भयमुक्त रहते हैं। उनके जीवन में जो शुचिता और पवित्रता रहती है उसका सहज प्रत्यय सभी को आता है।

इस प्रकार के उच्च कोटि के आध्यात्मिक उदाहरण गाडगे बाबा, साने गुरुजी, विनोबा भावे, महात्मा गांधी आदि रूपों में महाराष्ट्र में हमेशा देखे गए हैं। हवाई जहाज और हवाई अड्डे का वह मालिक, जो विमान, हेलिकाप्टर में से स्वयं पर पुष्पवृष्टि करवा देता है, अत्यन्त क़ीमती आभूषण-जवाहरात भक्तगणों से स्वीकारता है, आलीशान सिंहासन पर विराजमान होता है, ऐसे सत्यसाईं बाबा का वास्तविक रूप में आध्यात्मिकता के साथ क्या सम्बन्ध है? सच्ची आध्यात्मिकता माननेवाले मनुष्य निर्भय होते हैं। भौतिक सुखों से परे जीवन श्रेयस्कर है और इस हेतु स्वयं को सहज रूप में न्योछावर कर देना चाहिए, इस प्रकार की सीख नैतिक आध्यात्मिकता उन्हें देती है। कुछ साल पहले बाबा के नज़दीकी पाँच भक्तों ने उन पर जानलेवा हमला किया। बाबा जल्दबाजी में स्वच्छतागृह में छिपकर बैठे। चार भक्त पकड़े गए। उन्हें नि:शस्त्र कर कमरे में बन्द कर दिया गया और उन पर गोलियाँ दाग दी गईं। इस बारे में बात करने की हिम्मत बाबा ने बिलकुल नहीं दिखाई और उनकी रक्षा करनेवाली सरकार ने उनका बयान लेने की औपचारिकता भी नहीं निभाई। इस प्रकार का व्यक्ति आध्यात्मिक गुरु होगा ही कैसे? इस प्रकार का प्रश्न सामान्य लोगों से हो सकता है, राष्ट्रपति महोदय से क्यों नहीं हुआ?

इससे भी भयावह बात है, सत्यसाईं बाबा के कई साल भक्त रहे अनेक वैश्विक शिष्यों ने दो साल पहले उन पर लैंगिक विकृत व्यवहार का और समलिंगी संभोग का आरोप किया था। लंडन टेलिग्राफ, इंडिया टुडे आदि

नामचीन अख़बारों ने इस सम्बन्ध में विस्तार से समाचार दिए थे। वाइट हाउस, अमरीका के सिनेटर आदि को सूचित किया गया। यूनेस्को ने बाबाजी के शैक्षिक संस्थाओं को दिया हुआ सहप्रायोजकत्व ख़ारिज किया। इन सब के बारे में बाबा ने अथवा उनके आश्रम के लोगों ने किसी भी प्रकार का स्पष्टीकरण नहीं दिया। इस प्रकार के व्यक्ति के पास भारत जैसे सुसंस्कृत देश के वैज्ञानिक एवं राष्ट्रपति महोदय का जाना सामान्य मनुष्य को निराश कर देनेवाली बात है।

लेकिन युवा दोस्तो, निराश मत होना। जो हुआ वह ग़लत ही हुआ, उदास मत होना। आपनी परम्परा सन्त तुकाराम की है। महाराष्ट्र के समाज सुधारकों की है। ख़ुद को गर्व से धार्मिक माननेवाले राष्ट्रपिता महात्मा गांधी और देश में वैज्ञानिक नीति की नींव रखनेवाले तथा दीर्घावधि सत्तास्थान पर रहे देश के प्रथम प्रधानमंत्री इहवादी वृत्ति के पंडित जवाहरलाल नेहरू ने कभी भी किसी भी पाखंडी बाबा को अपने जीवन में स्थान नहीं दिया। प्रस्तुत आलेख का स्तम्भ लिखते समय मान्यवर राष्ट्रपति महोदय का अपमान करने का बिलकुल ही उद्देश्य नहीं है। लेकिन दोस्तो, विवेकशील बनना है तो हर तरह से चौकन्ना रहना पड़ेगा। यहाँ तक की राष्ट्रपति जी के व्यवहार के बारे में भी। केवल इतने से ही काम नहीं चलेगा तो स्वयं ही निर्णय लेना होगा कि मैं स्वतंत्र भारत का विवेकशील नागरिक हूँ। हिम्मतवाला, विचारों के अनुसार आचार करनेवाला युवा। मैं अपने जीवन में पाखंड को स्थान नहीं दूँगा। करोगे इस प्रकार संकल्प? किया तो ज़रूर लिखना। जिससे आन्दोलन की उम्मीद और बढ़ेगी।

आपका विवेकसाथी
नरेंद्र दाभोलकर

सन्त पद और चमत्कार

प्यारे युवा दोस्तो और सहेलियो,

कुछ दिनों पूर्व अख़बार में समाचार छपकर आया था, मदर टेरेसा को सन्त पद मिलने का मार्ग खुल गया। कारण था उनके किए हुए चमत्कारों की जानकारी पोप के सामने प्रस्तुत की गई जिसका आरम्भ तीन साल पहले ही हुआ था। तत्कालीन ईसाई धर्म के सर्वोच्च धर्मगुरु पोप ने मदर टेरेसा के सन्त पद की प्रक्रिया आरम्भ की थी। ईसाई पद्धति के अनुसार किसी भी व्यक्ति को सन्त उपाधि देने से पूर्व निर्विवाद सत्य घटित हुए (!) यानी कुछ चमत्कार उस व्यक्ति के हाथों हो चुके हैं यह साबित करना पड़ता है। मदर टेरेसा जी को सन्त पद देने हेतु भारत में पोप जॉन पॉल (दूसरे) ने दल भेजा था और उनकी संकल्पना के अनुसार 'कैननाइजेशन' की प्रक्रिया आरम्भ हो गई थी। इस बार समिति की ओर से मैंने पोप को ई-मेल किया। उसका आशय इस प्रकार था—'महाराष्ट्र अन्धविश्वास उन्मूलन समिति अन्धविश्वास दूर करने हेतु हमेशा प्रयत्नशील है। ईश्वर और धर्म के बारे में भारतीय संविधान से ली हुई भूमिका ही समिति की भूमिका है। व्यक्ति की उपासना-स्वतंत्रता, पारलौकिक जीवन एवं आध्यात्मिक कल्याण हेतु कोई भी व्यक्ति अपनी इच्छानुसार व्यवहार कर सकता है। लेकिन इसके साथ ही भारतीय संविधान द्वारा नागरिकों का कर्तव्य कहकर सम्बोधित किए हुए वैज्ञानिक दृष्टिकोण एवं अनुसंधानात्मक बुद्धि का भी हम भारतीय आग्रह करते हैं। वैज्ञानिक दृष्टिकोण से देखने पर चमत्कार हो ही नहीं सकता। इसी कारण ईश्वर और धर्म के नाम पर होनेवाले चमत्कारों का हम हमेशा विरोध करते रहे हैं। इस कारण लोग विवेकशील एवं होशियार बनेंगे तथा समाज में स्थित दुख, दरिद्रता, शोषण आदि पर चमत्कारों के उपायों का भरोसा न कर

उसके विरोध में संघर्ष करेंगे इस प्रकार हमें विश्वास महसूस होता है।

'मदर टेरेसा' के अलौकिक मानवतावादी कार्य के कारण उन्हें सन्त पद की उपाधि प्राप्त हो सकती है। मानवीय कल्याण हेतु इसी प्रकार से प्रयत्नशील रहे महान व्यक्तियों को महाराष्ट्र ने सम्मान से सन्त उपाधि प्रदान की है। लेकिन इस प्रकार के व्यक्तियों को अपने जीवन में कुछ चमत्कार करने पड़ते हैं इस हेतु जाँच करने के लिए आपका अधिकृत दल भी भारत में आ चुका है। हमें लगता है कि अत्यन्त उच्च कोटि की सेवा कार्य करनेवाली मदर टेरेसा जी को 'सन्त' उपाधि देने के लिए किसी चमत्कार की ज़रूरत नहीं होनी चाहिए। लेकिन इस प्रकार के चमत्कारों की जाँच की जा रही हो तो यह प्रक्रिया ग़लत एवं संविधान से विसंगत होने के कारण हमारी समिति उसका विरोध करेगी। यह नम्रता से हम आपके सम्मुख रखते हैं। आपको हम इस बात की भी जानकारी देना चाहते हैं कि गैलिलिओ को दी गई सज़ा के बारे में 400 साल बाद ईसाई धर्मपीठ ने माफ़ी माँगी है। इसे ध्यान में लिया जाए तो मदर टेरेसा जी का सन्तत्त्व सिद्ध करने के लिए उनके किए हुए कथित चमत्कार ढूँढ़ना, यह उनका सम्मान न होकर उनका अपमान है। आप जल्द ही भारत में आ रहे हैं तो हम आपसे मिलना चाहते हैं।'

लेकिन हमारे पत्र, ई-मेल का पोप ने उत्तर नहीं दिया। प्रस्तुत घटना तीन साल पहले की है। चमत्कार ढूँढ़ने की प्रक्रिया बड़े ज़ोर-शोर से शुरू रही। कहते हैं अन्ततः उन्हें इस प्रकार का चमत्कार मिल गया।

लेकिन चमत्कार के विरोध में संघर्ष करते हुए और एक वास्तव ध्यान में लेना होगा। मनुष्य का जीवन कई दुखों और अतृप्त इच्छाओं से भरा हुआ है। यह दुख किस प्रकार दूर होगा इसका निश्चित उत्तर व्यक्ति के पास नहीं है। जो प्राप्त होता है उसे हजम करने की व्यक्ति की क्षमता नहीं होती। ऐसे समय चमत्कार करनेवाला सच में कोई तो होगा ऐसा व्यक्ति को लगने लगता है। बुलढाणा के शेषचन्द्र महाराज ने दैवी इलाजों से जानलेवा बीमारी ठीक करने सम्बन्धी समिति का आह्वान स्वीकार किया। उस समय एक घिनौना अनुभव हुआ। अख़बारों से आह्वान प्रक्रिया घोषित होने के बाद मेरे पास दूर-दूर से फोन, पत्र आने लगे। हमारा फलाना-फलाना रिश्तेदार फलानी-फलानी बीमारी से ग्रस्त है। अतः आप प्रस्तुत समय हमें अवसर दीजिए। हमने उन्हें अपनी तरफ़ से बहुत समझाने का प्रयत्न किया। इतनी दूर से वक़्त ज़ाया कर स्वतंत्र गाड़ी लेकर मत आना। ऐसे उपायों से किसी को भी आराम मिलना सम्भव नहीं

है। लेकिन मरीज़ों के रिश्तेदारों का एक ही कहना था, "सभी उपाय हो चुके, इलाज ख़त्म हो चुके हैं, कुछ भी मार्ग नहीं दिखाई दे रहा है। सोचा यह उपाय कर के तो देखेंगे। तक़दीर में होगा तो होगा कुछ फ़ायदा नहीं तो भुगतना तो है ही।" इसका मतलब चमत्कारों पर का विश्वास एक अर्थ से स्वयं का 'विश फुलफिलमेंट' ही रहता है। पाँच हज़ार साल पहले विज्ञान विकसित नहीं था। उस समय चमत्कार होते थे और आज भी होते हैं। जब तक विश्व में दुख, ग़रीबी है तब तक चमत्कार होनेवाले ही है। परिणामस्वरूप इन सब दुखों से सहजता से बाहर निकलने की मनुष्य की आसक्ति उसे चमत्कारों की ओर खींच ले जाती है। ऊपरी तौर पर सही लगनेवाला स्पष्टीकरण वैसा नहीं है।

मनुष्यों की वासनाओं की कामनाएँ ख़त्म नहीं होनेवाली यह स्वीकार किया तो भी वह उनकी पूर्ति हेतु कर्तत्व के, पुरुषार्थ के मार्ग का भी अवलंब कर सकता है। अपनी इच्छाओं की पूर्ति किसी अज्ञात शक्ति के दर्शन से या किसी दैवी चमत्कार से होती है यह मानकर उसके सामने नतमस्तक होना मनुष्य निश्चित रूप से टाल सकता है। विशेष रूप में वर्तमान युग में शिक्षा के माध्यम से वैज्ञानिक दृष्टिकोण विकसित करना सहज सम्भव है। कुछ क्षण मान कर चलते हैं, वासना तृप्ति के पीछे लगा मनुष्य चमत्कारों के पीछे जाता ही रहेगा। उसे रोकना अपने हाथ में नहीं है। तो भी यह प्रश्न उपस्थित करना होगा कि लोगों की व्याकुलता एवं अतृप्तता किसी को लूटने की न हो तो भी दैवी शक्ति के नाम पर सन्त पद तक पहुँचने का मार्ग सिद्ध करना कहाँ तक उचित है? दोस्तो, इसका उत्तर निश्चित ही 'नकारार्थी' है। इस विचार को आप जैसे युवाओं को समझ लेना तथा औरों को समझाना इसमें ही आपका और समाज का भला है। इस हेतु ज़रूर कार्यशील रहिए।

आपका विवेकसाथी
नरेंद्र दाभोलकर

इन वीरांगनाओं को बल दो

प्यारे युवा दोस्तो और सहेलियो,

धर्म के स्वयं घोषित ठेकेदार अपने स्व-धर्मीय भाइयों पर धर्म का मतलब क्या है, यह हमेशा ठोंकते रहते हैं। यह अभिनिवेश इतना हिंस्र होता है कि धर्म के नाम पर निकले उनके फ़तवे के अनुसार व्यवहार न करनेवाले को ये धर्म मार्तंड सीधे पीटने के लिए भी आगे-पीछे देखते नहीं। सभी धर्मों की स्थापना नैतिक, उदात्त जीवन जीने हेतु हो चुकी है। लेकिन समय-समय पर इस मानवता को दूर कर 'हम जो करें सो कानून' इस प्रकार का व्यवहार सभी धर्मों के ठेकेदार करते रहते हैं। किसी भी धर्म का इतिहास जाँचने पर यही मिलेगा। 'ख़ुद से प्रेम करते हो वैसा ही पड़ोसी से करो' यह सन्देश देनेवाला ईसाई धर्म लेकिन उस धर्म के बारे में कुछ विसंगत प्रतिक्रिया देने के कारण कई लोगों पर अमानुष अत्याचार किए गए। इस कारण ज़िन्दा जलाकर मारे जाने के भी कई उदाहरण हैं। विश्वबंधुत्व का आदर्श बतानेवाला सहिष्णु हिन्दू धर्म, लेकिन अपनी ही करोड़ों बहनों, और उतने ही दलित भाइयों के साथ सैकड़ों साल अमानुषता का व्यवहार किया। कहा जाता है मुस्लिम धर्म में स्त्रियों को अधिक न्याय देने का प्रयत्न धर्म संस्थापकों ने किया लेकिन मुस्लिम बहन मस्जिद में जाकर नमाज पढ़ने के हक से दूर ही रही। साथ ही जुबानी तलाक और बुरक़ा-पद्धति के संकट में फँस गई। इस पद्धति का ही एक घिनौना रूप कुछ दिनों पूर्व कश्मीर के धर्मांध आतंकवादियों द्वारा दिखाई दिया। इस्लाम का नाम लेकर उन्होंने दावा किया कि मुस्लिम स्त्री को बुरक़ा पहनना चाहिए। अफगानिस्तान के तालिबानी शासन व्यवस्था का स्मरण दिलानेवाली यह बात थी। तालिबानियों ने स्त्रियों के साथ बुरक़े की सख़्ती तो की ही, साथ में उनकी शिक्षा भी बन्द की थी। सौंदर्य

साधनों का स्त्रियों द्वारा इस्तेमाल करना तो महापाप घोषित किया था। आधुनिक स्त्री को ज़बरदस्ती मध्ययुग में धकेलने का प्रयत्न सत्ता के आधार पर बलपूर्वक कुछ समय तक सफलता से होता भी रहा।

कश्मीर सार्वभौम भारत का अखंड हिस्सा है। वहाँ की महिलाओं को वे हिन्दू हों या मुसलमान भारतीय संविधान द्वारा दी हुई व्यक्ति स्वतंत्रता के सभी अधिकार उन्हें मिलने ही चाहिए। लेकिन धर्मांध सिरफिरे मुस्लिम आतंकवादियों को कैसे यह स्वीकार होगा? उन्होंने फ़तवा निकाला कि इस्लाम का पालन करने के लिए प्रत्येक मुस्लिम स्त्री को बुरक़ा पहनना होगा। अन्यथा उनके चेहरे पर एसिड फेंका जाएगा या मृत्युदंड की सज़ा दी जाएगी। इस धमकी का फ़िक्र न कर कुछ मुस्लिम बहनों ने निर्भय होकर अपना व्यवहार शुरू रखा। जिससे खौल उठे सिरफिरे मुस्लिम आतंकवादियों ने अपनी धमकी सच कर दिखाई। बुरक़ा न पहनने की सज़ा के तौर पर चार मुस्लिम बहनों को गर्दन काट कर दी गई। मेरे दोस्तो, वे चारों युवतियाँ अपने देश की बहनें ही थीं। धर्म कोई भी हो वे भारतीय ही थीं। लेकिन इस बात का सभी ने जितनी तीव्रता से निषेध करना चाहिए था उतना बिलकुल नहीं किया। स्वाभाविक रूप में मुसलमान भाइयों की ज़िम्मेदारी अधिक थी। उन्हें अपनी बहन, पत्नी आदि के साथ रास्ते पर उतर कर इस्लाम का यह रूप सच्चे इस्लाम को स्वीकार्य नहीं है, दृढ़ता से कहना चाहिए था। लेकिन ऐसा बिलकुल ही नहीं हुआ।

लेकिन इसका मतलब सब तरफ़ अँधेरा छा गया है ऐसा नहीं। कुछ साल पहले, मुस्लिम स्त्री सिनेमा नहीं देख सकती ऐसा फ़तवा मुल्ला-मौलवियों ने निकाला था। लेकिन क्रान्तिकारी युवा स्त्री रजिया पटेल ने यह चुनौती स्वीकार की और मुस्लिम स्त्रियों का संगठन कर विभिन्न गुट बनाकर उन्हें सिनेमा घरों में ले जाने का साहस दिखाया था।

इसका पुन: स्मरण होने का कारण मुंबई में सत्तर मुस्लिम महिलाओं ने 'बुरक़ा सख़्ती नहीं सहेंगे' के फलक हाथ में लेकर आन्दोलन किए। फ़ातिमा नाम की मुस्लिम लड़की ने उनका नेतृत्व किया।

युवा दोस्तो, मुझे लगता है कि फ़ातिमा और उसकी सहयोगी बहनों का हम सभी को दिल से स्वागत और तारीफ़ करनी चाहिए। मुस्लिम समाज की वर्तमान मानसिकता ध्यान में लेते हुए कई विभिन्न कारणों से इस समाज के अधिकाधिक कट्टर होने की सम्भावना बढ़ रही है। ऐसे समय धर्म पर गर्व

और धर्म के आधार पर जो धर्माचरण कहलाया जाता है क्या वह धार्मिक है, या धर्म के नाम पर तथा परम्परा के प्रभाव में शोषण करनेवाला है? इस सन्दर्भ में सामान्य मुस्लिम भाइयों द्वारा विचार होने की सम्भावना कम दिखाई देती है। ऐसे समय कुछ मुस्लिम महिलाओं द्वारा इनके विरुद्ध आवाज़ उठाना, कृति करना, इसे अत्यधिक महत्त्व प्राप्त हो चुका है।

फ़ातिमा के पक्ष में हमें दृढ़ता से खड़े रहना चाहिए। आपके जो मुस्लिम भाई-बहन होंगे, उन्हें फ़ातिमा के पीछे खड़े रहने के लिए प्रेरित करना होगा। आप सबको मिलकर फ़ातिमा को विश्वास दिलाना चाहिए कि तुम बिलकुल मत डरो। तुम्हारे साहस के कारण अन्धकार के आकाश में प्रकाश की एक किरण प्रकट हो चुकी है। हम पूरी ताक़त से तुम्हारे साथ हैं। धर्म से परे जाकर मानवता का पालन करने एवं व्यक्ति स्वतंत्रता के मूल्य प्रत्यक्ष लाने हेतु आपकी और आपके सहयोगी बहनों के निश्चय की हमें बहुत ज़रूरत है। फ़ातिमा का पता आज मेरे पास नहीं है। मैं ढूँढ़ने में प्रयत्नशील हूँ लेकिन आप लिखना आरम्भ करो। फ़ातिमा के नाम से लिखे हुए ख़त मेरे पास भेजो। उन सबको इकट्ठा कर मैं फ़ातिमा को भेज दूँगा। मुझे विश्वास है समाज सुधारकों की परम्परा चलानेवाले आप जैसे युवक-युवतियों से फ़ातिमा के निश्चय को कृतिशील न्याय मिलेगा।

आपका विवेकसाथी
नरेंद्र दाभोलकर

ईसा के नकली ख़ून के आँसू

प्यारे युवा दोस्तो और सहेलियो,

गोवा में कुछ दिनों पूर्व एक ताज्जुब कर देनेवाली घटना हुई। क्या आपको पता चली? आंबोस कामुर्ली गाँव के मासकारेन्हस परिवार में स्थित ईसा मसीह की प्रतिमा की आँखों से ख़ून के आँसू बहने सम्बन्धी समाचार देखते ही देखते सर्वत्र फैला। देवी की मूर्ति के सामने अपने आप निकलनेवाला हलदी-कुमकुम हो, हनुमान जी की मूर्ति को अचानक आनेवाला पसीना हो अथवा ईसा मसीह की आँखों से निकलनेवाले ख़ून के आँसू हो, चमत्कार को नमस्कार करने की मानसिकता सब तरफ़ समान ही है। ख़ून के आँसू ईसा मसीह की आँखों से टपक रहे हैं, यह अफ़वाह फैलते ही भक्त-गणों की भीड़ उमड़ पड़ी। गोवा अन्धविश्वास उन्मूलन समिति ने इस भुलावे पर आक्षेप किया। इसी प्रकार पिछली शती में हो चुकी घटनाएँ लोगों के सामने रखीं। यूरोप में 1953 में सिसिली देश के सिरेक्यूज में, 1971 में इटली के मारोपाती में और 1994 में सिविटरी के यहाँ, मैडोना (वर्जिन मेरी) के चर्च में स्थित बुत के सम्बन्ध में ये घटनाएँ हो चुकी हैं। शास्त्रीय अनुसंधान के अभाव में उस समय ये घटनाएँ चमत्कार मानी गईं। लेकिन सन् 1995 में पाविया विश्वविद्यालय के रसायन शास्त्रज्ञ डॉ. लुईजी गार्लाशैली को इन घटनाओं के पीछे रही वास्तविकता समझ में आई। अपने अनुसंधानपरक आलेख को उन्होंने प्रतिष्ठित मैगजीन 'केमिस्ट्री इन ब्रिटेन' में प्रकाशित किया और इन घटनाओं के पीछे रहा षड्यंत्र लोगों के सामने लाए। आँखों से आँसू टपकानेवाला अथवा ख़ून टपकानेवाला बुत तैयार करना यह कोई अद्‌भुत या ईश्वर की शक्ति का साक्षात्कार देनेवाली बात नहीं है। इस प्रकार का बुत कोई भी बना सकता है। उस हेतु प्लास्टर अथवा चीनी मिट्टी की आवश्यकता रहती

है। प्लास्टर अथवा चीनी मिट्टी से बनाई गई वस्तुएँ सच्छिद्र होती हैं, यही उसके पीछे कारण है। बुत को पहले द्रव पदार्थ का लेप दिया जाता है। फिर उसे दिए हुए लेप के कारण पानी बुत से बाहर नहीं निकल सकता और आँखों पर दिया हुआ पतला लेप थोड़ा सा हटाने से वहाँ से पानी टपकने लगता है। पानी की जगह लाल रंग का द्रव पदार्थ बुत में छोड़ने पर लाल रंग के ख़ून के आँसू टपकते हैं यह भ्रम होता है। डॉ. लुई के आलेख का वैज्ञानिक आशय है।

डॉ. गार्लाशैली जी ने विभिन्न स्थानों पर स्थित मैडोना के बुत की जाँच करने का निश्चय किया। लेकिन हर स्थान पर उन्हें प्रतिबंधित किया गया। उम्मीद न छोड़ते हुए उन्होंने इन बुतों को बनानेवाले शिल्पकारों से सम्पर्क करके उनसे इन बुतों की प्रतिकृतियाँ बनवाईं। उनकी जाँच के पश्चात् डॉ. गार्लाशैली के ध्यान में आया कि प्लास्टर से बनाए गए उन बुतों के चेहरों के पिछले हिस्से में सहजता से लेकिन दिखाई न देनेवाला पोल बनाया गया था। ख़ून के आँसू टपकने के पीछे यही पोल था। युवा दोस्तो, आपकी समझ में आया होगा, किसी भी दैवी शक्ति की जाँच करना एक प्रकार की लड़ाई ही होती है। एक ओर पोथी-निष्ठा, परम्परा और अन्धविश्वास तो दूसरी ओर सत्यशोधन का प्रकाश होता है। अन्धविश्वास के अँधेरे में ही दैवी चमत्कार टिक सकते हैं। विज्ञान के तेज़ प्रकाश में कथित चमत्कारों का मायाजाल नष्ट हो जाता है। इस कारण आँखों के आँसू रंगीन पानी के हैं या ख़ून के, मूर्ति अन्दर से किस प्रकार हैं, इस प्रकार के रहस्य भेद करनेवाले प्रश्न सम्बन्धित व्यक्ति की समझ में नहीं आते, पूछने पर अच्छे नहीं लगते और हजम भी नहीं होते। फिर चमत्कारों की जाँच करना मतलब अपने धर्म पर ही आक्रमण किए जाने की शिकायत होती है। इसके लिए कोई भी धर्म अपवाद नहीं है। कम से कम धर्म के साधक तो निश्चित ही नहीं हैं।

अहमदनगर ज़िला, पारनेर तहसील के निघोज गाँव की यात्रा में देखा कि कुएँ से एक नई गागर अपने आप पानी पर तैरते हुए आती है। उसका जुलूस निकाला जाता है। दूसरे दिन उसे उसी कुएँ में छोड़ने पर वह अपने आप अदृश्य होती है। चमत्कार की चर्चा बहुत होती है लेकिन हम उसकी छान-बीन करते हैं, कहने पर हमारी चारों तरफ़ से नाकाबन्दी की गई। भगत के अलावा किसी को भी कुएँ में उतरने से मना करना, प्रकाश व्यवस्था को मना करना, कुएँ के आस-पास के इलाक़े की जाँच के लिए मना करना आदि पाबन्दियों को ध्यान

में लेने के पश्चात् चमत्कार ढूँढ़ने की अपेक्षा चमत्कार बनाए रखने में अधिक रुचि दिखाई देती है। पुणे ज़िले के भूलेश्वर मन्दिर में शंकर जी की पिंडी के नीचे किए गए गड्ढे में स्टील के कटोरे में पाँच पेड़े रखे जाते हैं। उस पर शंकर जी का मुखौटा रखा जाता है। पाँच मिनट बाद मुखौटा निकालकर अन्दर की टोकरी निकालकर देखी तो उसमें के एक-दो पेड़े ग़ायब हो चुके दिखाई देते हैं। पुजारी किसी भी बात की माँग नहीं करता लेकिन चमत्कार के छान-बीन की तैयारी भी नहीं दिखाता। चमत्कार का व्यापार श्रद्धा के आधार पर जो चलता है वह इसी प्रकार। यह श्रद्धा है ही नहीं। जो श्रद्धा विज्ञान के आधार पर सत्य की खोज के लिए नकारती है वह अन्धविश्वास ही है। उसे वैसा ही बनाए रखने में किसी का तो हित छिपा हुआ रहता है। चमकनेवाला पीली धातु का टुकड़ा होगा तो भी हम उसे कसौटी पर उतारते हैं। सुनार उसकी अग्नि परीक्षा लेता है। धातु के बारे में हम जो आग्रह करते हैं वैसे ही चमत्कारों के नाम पर होनेवाली बातों की छान-बीन के बारे में क्यों नहीं करना चाहिए? वैसा करना मतलब ही विवेकशील बनना है। युवा दोस्तो, किसी भी चमत्कार को नमस्कार करने से पहले आपको वैज्ञानिक छान-बीन की कसौटी पर उसे ज़रूर उतारना होगा।

आपका विवेकसाथी
नरेंद्र दाभोलकर

व्यर्थ रहे तुका के वचन!

प्यारे युवा दोस्तो और सहेलियो,

दो दिन पहले तुकाराम दूज हुई। देहू के तीन-चार लाख लोगों का जन समुदाय इकट्ठा हुआ। घरों, मन्दिरों में सन्त तुकाराम का स्मरण किया गया। इसी बीच हमने सन्त तुकाराम के अभंगों की एक पुस्तक प्रकाशित की। मनुष्य को होशियारी से, विवेकशीलता से व्यवहार करना चाहिए। व्रत-उपवास, मन्नत, जप-तप आदि दिखावे से दूर रहना चाहिए। निर्मल विचार वैसा ही आचार, यही हरि-भक्ति का सच्चा मार्ग है, इस प्रकार सन्त तुकोबा का सन्देश है। तुकोबा के नाम की जयजयकार तो महाराष्ट्र में ख़ूब हुई, हो रही है और होनी भी चाहिए। लेकिन मुझे इन दिनों लग रहा है कि आकार की पूजा करना, विचारों को भूल जाना और आचार का तो त्याग ही करना केवल इतना ही महाराष्ट्र में नहीं हो रहा है। यह महसूस होने का प्रमुख कारण है, तुकाराम दूज के साथ ही प्रसिद्ध 'बगाड' का कार्यक्रम बावधन (तहसील वाई, ज़िला सतारा) में हुआ। इन दो महीनों में सतारा, पुणे इन ज़िलों के अनेक गाँवों के मेलों में 'बगाड' बड़ी शान से घुमाया जाता है। 'बगाड' का मतलब क्या? एक लम्बे, ऊँचे खम्बे की नोक पर बँधा हुआ छोटा आड़ा डंडा। इसे बहुत ऊँचे खम्बे को बैलगाड़ी पर बिठाते हैं। बैलगाड़ी में बँधी हुई बैलों की जोड़ी प्रतियोगिता हेतु तैयार की जाती है। 'बगाड' का सम्मान पाने हेतु अनेक भक्तों में होड़ रहती है। गाँव का पुजारी कौल लगाता है। जिसके पक्ष में कौल जाता है वह मेले के दिन सूर्योदय के समय नदी में स्नान करता है। 'बगाड' की डंडी पर विधिपूर्वक उसे बाँधा जाता है। 'बगाड' जिस पर बांधा जाता है वह बैलगाड़ी 'चांगभल' की जयघोष में दौड़ाई जाती है। प्रतिष्ठित, मान्यवर लोकप्रतिनिधि सम्मानपूर्वक उस गाड़ी पर बैठते हैं। गाड़ी

खेतों से, कंकड़-पत्थरों के बीच से जाती है। सूर्यास्त तक बैलगाड़ी इष्ट स्थान पर पहुँच जाती है। तब तक ख़ाली पेट सुबह से ऊँचे 'बगाड' के एक छोर पर बँधा हुआ भक्त स्वाभाविक रूप से प्रचंड हिलकोरें खाता रहता है।

यह पूरा मामला कितना कठिन है इसकी सहज रूप में कल्पना की जा सकती है। इन सब में ईश्वर की उपासना किस प्रकार होती है? लेकिन यह प्रश्न चर्चा के लिए उपस्थित किया तो लोग क्रोध से आगबबूला होते हैं। वाचकों का पत्राचार, अख़बार के इस स्तम्भ में 'बगाड' के विरोध में पत्र छपकर आता है तो भी वे सन्तप्त होकर उस पत्र लेखक के घर को ढूँढ़ने लगते हैं। कुछ साल पहले खेत-खलिहानों से दौड़नेवाली 'बगाड' की गाड़ी कीचड़ में फँस कर गिर गई और एक मनुष्य की उसमें मौत हो गई। सच कहें तो इसे ग़लत परम्परा की बलि ही माना जाना चाहिए। लेकिन लोगों ने कहा, एक बार देवी ने कौल दिया और 'बगाड' पर बाँधने का सम्मान मिला तो उसे पथ्यापथ्य का पालन करना पड़ता है। मांसाहार नहीं, शराब तो बिलकुल ही नहीं। इन दिनों स्वयं की पत्नी के साथ भी सम्बन्ध नहीं रखने चाहिए। इन पथ्यों को तोड़ा होगा, जिसकी सज़ा मिली। अर्थात् इस पर आगे बात करना भी मुश्किल है। ब्रिटिश सरकार ने 'बगाड' के विरोध में कानून बनाया था। उसकी खोज में हम थे। 'बगाड' घुमानेवाले एक गाँव के व्यक्ति ने हमसे कहा, "बहुत होशियार मत बनो, पुलिस क्या करेगी? गोली चलाएगी? हमारा समाज भी दस-पन्द्रह हज़ार का होता है, हम भी देख लेंगे।"

सन्त तुकाराम जी ने एक अभंग में लिखा है, 'दगडाच्या देवा बगाड़ी नवस। बाईल कथेसी जाऊ नेदी।' जिसका मतलब है इस ग़लत परम्परा का इतिहास कम से कम साढ़े तीन सौ साल तो पुराना है। और सन्त तुकाराम ने कहा है, "पत्थर के ईश्वर को 'बगाड' की मन्नत माँगकर ऊँची लाठी पर टाँगकर चलते हैं लेकिन स्वयं की पत्नी को हरि की कथा सुनने जाने नहीं देते। 'बगाड' को टाँग लेना धर्माचरण है और हरि कथा सुनने जाना भी धर्माचरण ही है लेकिन एक में है निरर्थक कर्मकांड, शरीर के साथ हानिकारक व्यवहार और दूसरी ओर है मानसिक उन्नति की सम्भावना।" कौल देनेवाले तो स्वयं सन्त तुकाराम ही हैं लेकिन महाराष्ट्र की आज की स्थिति क्या है? देव, धर्म, श्रद्धा, कर्मकांड इस बारे में फ़िलहाल लोग बहुत ही संवेदनशील हो चुके हैं। सच्चा धर्म कौन-सा और झूठा कौन-सा? धर्म का रसीला गूदा कौन-सा और सूखी

खाल कौन-सी? गर्व किस बात पर करें? वृथा अभिमान किस बात पर करें? धर्म का सर्वत: अभिनिवेश स्वीकार करना हितकारक है या अहितकारक? इन प्रश्नों का विचार करने के लिए सन्तों की परम्परा बतानेवाला महाराष्ट्र तैयार नहीं। कर्मकांड, व्रत-उपवास, मंत्र-तंत्र आदि से परे जाकर मानवता धर्म को स्वीकार सभी धर्म के सन्तों ने किया है। लेकिन अगर धर्म ही तार्किक विवेक से दूर जा रहा हो तो क्या करें? ग्राम देवताओं का मेला मतलब समुदाय के आनन्द का, भक्ति का पर्व। उनका सांस्कृतिक, धार्मिक आविष्कार लेकिन उनमें से अनेक मेलों में धर्म के नाम पर जो घटित होता है उससे धर्म कल्पना उन्नत होती है या अवनत? महाराष्ट्र के प्रबोधन परम्परा की गरदन ऊँची होती है या शरम से झुक जाती है। अट्टहास से उसे ही धर्म समझकर लोग अपनाते होंगे और उन्हें वैसा ही करना चाहिए। इसलिए स्वयं को धार्मिक कहलानेवाली शक्तियाँ प्रयत्नशील रहेंगी तो हमारा आन्दोलन कहाँ तक साथ निभाएगा? सुजान नागरिक, समाज, शासन आदि को इस बारे में भूमिका निभानी चाहिए या नहीं? युवा दोस्तो, आपकी सलाह की और मदद की मुझे बहुत ज़रूरत है। ज़रूर पत्र लिखिए। इन्तज़ार कर रहा हूँ।

आपका विवेकसाथी
नरेंद्र दाभोलकर

आसान जवाबों का भूलभूलैयाँ

प्यारे युवा दोस्तो और सहेलियो,

मुझे एक बात देर से पता चली। पहले ही पता चली होती तो आपको बता देता। आप उस दिन गए होते तो चिंता ही मिट गई होती। लेकिन सोचा अब बताएँगे। आपको क्या लगता है? एक अख़बार में छप चुका है यह आलेख। शीर्षक है—'आपकी आर्थिक समस्याएँ अल्पावधि में दूर करनेवाला दैवी उपाय छोटा, लेकिन उसका फल बड़ा।' लेखक का कहना है, "गुप्त एवं दुर्लभ इलाज और प्रभावी दैवी उपाय हेतु मेरे पास आनेवाले ज़रूरतमन्दों को समय-समय पर बताता आया हूँ और लोगों को उसका फ़ायदा ही हुआ है। परिणामस्वरूप सुन्दर और पढ़ी-लिखी होकर भी विवाह से वंचित रही असंख्य युवतियाँ पति के घर में सुख से रहने लगी हैं। शैक्षिक योग्यताएँ होने के बावजूद बेरोज़गार रहे अनेक युवक आज बड़े वेतन की नौकरियाँ कर रहे हैं। ग़रीब बस्ती में रहनेवाले आलीशान फ़्लैट के मालिक हो चुके हैं। पति-पत्नी के विसंवादों के कारण बरबादी की कगार पर रहे कई परिवार बच गए हैं। मातृसुख से वंचित स्त्रियाँ आज पुत्र सुख का अनुभव ले रही हैं।"

आलेख में तत्पश्चात् कार्तिक स्वामी जी के दर्शन को इस वर्ष का फलदायी होनेवाला शगुन बताया है। पूर्णिमायुक्त कृतिका नक्षत्र पर वर्ष के इन विशिष्ट बारह घंटों के काल में कार्तिक स्वामी के मन्दिर में सपत्नीक जाकर उनकी मनोभाव से प्रार्थना करने पर, आनेवाले साल भर में श्री का आशीर्वाद मिलने की गारंटी दी है। जिन्हें इन कथित दैवी इलाज का अनुभव हो चुका है ऐसे एक दम्पती का अनुभव कथन भी आलेख में दिया है। इसे लक्ष्मी प्राप्ति का अत्यन्त सादा, आसान, बिना ख़र्च का और अत्यन्त प्रभावी उपाय होने का दावा लेखक

ने किया है। कार्तिक स्वामीजी अर्थात् 'स्कंद' जो देवताओं का सेनापति था, उसके जन्म की कथा आलेख में दी है। उसके छह हाथ और बारह मुख किस प्रकार थे और जन्म के बाद सातवें दिन ही उसने देवसेना की ओर से लड़ते समय महाशक्तिशाली तारकासुर का किस तरह वध कर दिया इसकी जानकारी दी है। आगे विश्वास दिलाया है कि इस प्रकार के कार्तिक स्वामी का पूर्णिमायुक्त कृतिका नक्षत्र में सपत्नीक दर्शन कर, श्रद्धायुक्त अन्तःकरण से केवल मनोभाव के साथ प्रार्थना करने पर आर्थिक स्थिति में काफ़ी बदलाव होता है। साथ ही पैसा मनुष्य को पूर्व कर्म के अनुसार ही प्राप्त होता है। एकाध व्यक्ति को बहुत मेहनत करने के बाद भी दो वक़्त की रोटी नसीब नहीं होती, वहीं एकाध भाग्यवान को विशेष कुछ ना करते हुए भी बहुत पैसा प्राप्त होता है। कार्तिक स्वामी की इस उचित कालावधि में पूजा करने पर ऋण से मुक्ति हो जाती है, आथिक समस्याएँ तुरन्त हल हो जाती हैं, इन सब बातों का पक्का विश्वास दिलाया है। भगवान का अधिष्ठान प्राप्त होने के कारण करोड़पति होने में कौन सी बाधा है? इस प्रकार सीधा सवाल पूछा है।

युवा दोस्तो, इन सब को पढ़ कर आपके मन में किस प्रकार के विचार आए? आप में से हर एक आर्थिक उन्नति चाहता है। वह उचित भी है। आपके जीवन के अनेक सपनों का आधार अर्थार्जन ही रहता है। उस हेतु क्या करना चाहिए? अखंड मेहनत, बहुत-सी तकलीफ़, व्यक्तित्व का विकास, अवसर समझाने की तत्परता, वैफल्य सहने की क्षमता आदि बहुत कुछ। लेकिन यह सब कुछ सफलता से करने के पश्चात् भी आपका आर्थिक उन्नति का स्वप्न पूर्ण हो सकेगा इस सन्दर्भ में कुछ विश्वास नहीं दिया जा सकता। इस परिस्थिति में यह अत्यन्त आसान और प्रभावी उपाय कितना ज़रूरी महसूस होता है ना? विशेष कुछ करना ज़रूरी नहीं। केवल विशिष्ट शगुन में सश्रद्ध हृदय से कार्तिक स्वामी की पूजा और प्रार्थना करनी है। उसके द्वारा मालामाल हुए तो ख़ुशी है लेकिन मानो नहीं हुए तो क्या करना? इसका जवाब भी पहले ही दिया गया है। वह इस प्रकार है कि अपनी तक़दीर में ही नहीं था कहकर चुप बैठना।

दोस्तो, इन सब बातों का अर्थ समझते हो आप? वह इस प्रकार है कि आपको एक विश फुलफिलमेंट (इच्छाओं की आपूर्ति) की चाहत होती है। एक ओर वासना की आसक्ति और दूसरी ओर भयावह सामाजिकता। वास्तव में इनमें से रास्ता दिखानेवाले जादुई उपाय का चाहतमन्द रहना कोई आश्चर्य नहीं

है। इस प्रकार कोई प्रश्न उपस्थित करेगा कि हम प्रयत्न भी करते रहेंगे और कार्तिक स्वामी की पूजा भी शगुन में करेंगे। इसका मतलब हम दोहरे व्यक्तित्व को कबूल ही कर रहे हैं। दैव, पूर्व संचित, प्राक्कथन, धन लाभ आदि सच होगा तो फिर कार्यकारण भाव निरर्थक हो जाएगा और प्रयत्नवाद सच होगा तो दैवी उपायों की केवल ज़रूरत ही नहीं। इन उपायों के सन्दर्भ में स्वयं का मन उलझना भी घातक होगा। इस कारण आपका यथार्थ पर से विश्वास उठ जाएगा। मुझे किस मार्ग का चयन करना होगा? उसमें सफलता नहीं मिली तो उम्मीद न हार कर स्वयं के प्रयत्नों में किस प्रकार सुधार करना होगा ओर जो व्यवस्था मेरे उचित प्रयत्नों को अवसर नहीं देती तो उस व्यवस्था के ख़िलाफ़ किस तरह लड़ना होगा? इस बारे में कुछ भी न सोचते हुए अगर हम कार्तिक स्वामी के चरणों पर शगुन देखकर सिर रखने गए तो हम अपनी जवानी और होशियारी दोनों गँवा बैठेंगे। यह वास्तविकता है कि प्रयत्नों एवं पुरुषार्थ का कठिन मार्ग है, जो बाधाओं एवं काँटों से भरा हुआ है। शगुन पर मूर्ति के सामने नतमस्तक होना ऊपरी तौर पर मखमली है लेकिन एक तरफ़ पुरुषार्थ खड़ा है तो दूसरी तरफ़ पलायनवाद। आप जैसे खौलते ख़ून वाले बुद्धिजीवी युवकों को इनमें से कौन सा मार्ग चुनना है क्या यह मुझे बताना ज़रूरी है?

आपका विवेकसाथी
नरेंद्र दाभोलकर

हिन्दुत्व चाहिए, लेकिन कौन-सा?

प्यारे युवा दोस्तो और सहेलियो,

परसों चैत्र शुक्ल प्रतिपदा है। यह दिवस 'हिन्दुत्व दिन' के रूप में मनाने का मानस कुछ संगठनों ने घोषित किया है। हिन्दुत्व के गौरव और जयघोष हेतु जगह-जगह भव्य जुलूस निकलनेवाले हैं। उसमें ऊँचे धार्मिक ध्वज, ज़री के मुँड़ासे, हत्ती-घोड़े, धर्म रक्षक सिपाही आदि से सजाए हुए चित्र रथ होंगे। इस प्रकार की जानकारी प्रसिद्ध हो चुकी है। इस अवसर पर कई गाँवों में भित्तिपत्रक चिपकाए गए हैं। 'हिन्दुत्व न माननेवाले देश पर भार हैं और हिन्दुत्व माननेवाले इस राष्ट्र के तारक हैं,' इस प्रकार का आशय पत्रकों पर लिखा है। देश में 82 प्रतिशत हिन्दू हैं। माँ-बाप के धर्म के अनुसार धर्म प्राप्त होता है और गम्भीरता से ज़ाहिर रूप में (किसी प्रकार का भौतिक प्रलोभन न रखते हुए) धर्मांतर नहीं किया तो वह धर्म मृत्यु तक व्यक्ति के साथ रहता है। लेकिन जन्म से हिन्दू रहे और जीवन भर निश्चित रूप से हिन्दू ही रह चुके हिन्दुत्ववादी होंगे ही ऐसा नहीं है। वे वैसे नहीं हुए तो इस भारत भूमि पर सीधे बोझ बन जाएँगे। अपनी मातृभूमि पर बोझ बनना किसी को भी अच्छा नहीं लगता। लेकिन उसके लिए हिन्दुत्ववादी बनना पड़ेगा। इस हिन्दुत्ववादी बनने का मतलब क्या है?

हिन्दुत्ववाद के स्वयंघोषित ठेकेदारों एवं व्यक्तियों ने हिन्दुत्व की व्याख्या पहले ही घोषित कर दी है। उसके अनुसार हिन्दुत्ववादी होने के लिए आपको यह पक्का समझ लेना चाहिए कि इस देश के संविधान की धर्म निरपेक्षता केवल दिखावा है। वह मुस्लिम अनुनय करनेवाली है। इस देश में मुसलमानों का बहुत दुलार हुआ और हिन्दू सतत अपमानित हो रहे हैं। गांधी जी की हत्या हुई वह उचित ही था। बाबरी मस्जिद राष्ट्र पर कलंक थी। उसे मिटाने में ही पुरुषार्थ

था। गोध्रा हत्याकांड के पश्चात् गुजरात में जो कुछ हुआ वह हिन्दुत्व के लिए उचित और राष्ट्र निर्माण के लिए उपकारक था। काशी, मथुरा के, और अन्य तीन हज़ार मन्दिर जो मुसलमानों ने भ्रष्ट किए उन सब का पुनर्निर्माण करना होगा। इसमें ही हिन्दुओं का हित और हिन्दुत्व का सार है। इस दृष्टि से छोटे-बड़े कार्यक्रम बड़े उत्साह से किए जा रहे हैं। उदाहरण के रूप में जिन नाटकों में हिन्दू धर्म का अपमान है, इन स्वयं घोषित ठेकेदारों को ज़रूरी लगेगा उन्हें बन्द करवाना। 'हिन्दुत्व का अपमान होता है' कहकर काल-विसंगत रूढ़ि-परम्परा, अन्धविश्वास आदि पर बोलने के लिए प्रतिबंध लगाना। खुल्लम-खुल्ला चमत्कार और पाखंड करनेवाले बाबाओं को धर्म का रक्षक कहकर प्रतिष्ठित करना और हिंसा का ज़ाहिर समर्थन करनेवाले सन्त कहकर उन्हें सम्मानित करना।

युवा दोस्तो, हिन्दुत्व के नाम पर इससे अलग कुछ होता हुए मुझे तो नहीं दिखाई दे रहा है। अत: मेरा सीधा सवाल यह है कि हिन्दुत्व देश के लिए तारक है या मारक इस बारे में आप सोचनेवाले हैं या नहीं? मेरे पक्ष में पहला बयान हिन्दू हृदय सम्राट सावरकर जी ने साठ साल पहले ही दिया है। वे कहते हैं, "हमें जो प्राप्त करना है, धर्म भेद का डंक भी जिसके सामने ढीला पड़ता है वह विज्ञान-बल है। ऐसे समय मुसलमानों जैसा कुराननिष्ठ होकर उनसे मुक़ाबला करने की अपेक्षा यूरोपियन की भाँति विज्ञाननिष्ठा, प्रत्यक्षनिष्ठा, भौतिक उपयुक्तता का निष्ठावान होना ही उसका इलाज है। धर्मग्रंथों पर समाज संस्था खड़ी करने के दिन बीत गए। विज्ञान युग में समाज संस्था का जो संगठन बनाना है वह प्रत्यक्ष ऐहिक और विज्ञाननिष्ठ तत्त्वों पर ही आधारित होना चाहिए।"

अब इस प्रकार के निर्माण हेतु वर्तमान हिन्दुत्व कितना उपकारक सिद्ध होता है, उस पर दृष्टिक्षेप करने पर आपको ठीक विपरीत महसूस होगा। अन्धविश्वास और पाखंड बाढ़ के पानी जैसा समाज में बढ़ रहा है और हिन्दुत्व की भाषा बोलनेवाले उसके बारे में बिलकुल स्तब्ध हैं। बढ़ती व्यसनाधीनता पूरे समाज और राष्ट्र की चिंता का विषय है। लोकमान्य तिलक ने इस सन्दर्भ में क्रोध से 'केसरी' अख़बार के सम्पादकीय में सौ साल पहले लिखकर रखा है, 'शराब पीनेवाले के गले में सीसे का रस डालना चाहिए इस प्रकार हमारी हिन्दू धर्माज्ञा है। लेकिन देश को खोखला बनानेवाली बढ़ती व्यसनाधीनता के बारे में हिन्दुत्व के नारे लगानेवाले बिलकुल शान्त ही हैं।'

प्रभु रामचन्द्र देश के करोड़ों लोगों की श्रद्धा का विषय हैं। यह श्रद्धा

इसलिए है कि वे सत्यवचनी, एक पत्नीव्रता आदि नैतिक मूल्यों के आदर्श हैं। सत्यवचनी मूल्य के बारे में इस देश में ना बोलना ही ठीक रहेगा। एशिया द्वीप में भ्रष्टाचार में भारत का दूसरा क्रमांक है। लेकिन क्या भ्रष्टाचार करनेवाला कोई हिन्दू दिखाई दे तो उसका मुँह काला करेंगे और स्वयं को हिन्दू कहलानेवाला उसमें कोई मिला तो हिन्दुत्व से द्रोह करने के बदले में उस पर सबके सामने चौराहे पर कोड़े बरसाएँगे, इस प्रकार के शब्दों का उच्चार करने की हिम्मत इस देश के हिन्दुत्ववादियों के रक्षकों में होगी? केवल महाराष्ट्र में छः लाख से अधिक परित्यक्ता बहनें हैं। पति ने बेहिचक त्याग किया और इन बहनों का जीना बेहाल हुआ। पति दूसरी पत्नी लाया तो वह भी अभागन ही रही, क्योंकि उसे कोई भी कानूनी अधिकार प्राप्त नहीं है। राम का नाम हर पल लेनेवाले इन लोगों को हिन्दू बहनों पर हिन्दू पति द्वारा ही होनेवाले अन्याय, राम की परम्परा को भ्रष्ट करनेवाले हिन्दू धर्म द्रोह के सन्दर्भ में बीते दस साल में मुँह से एक शब्द भी निकाला हुआ कैसे सुनाई नहीं दिया? विवेकानन्द, महात्मा गांधी जी का वांछित हिन्दुत्व मनुष्य को अधिक उन्नत बनाने का था। इस हेतु स्वयं में बदलाव लाकर कृति करना ज़रूरी था। दूसरी तरफ़ जुलूस का हिन्दुत्व केवल प्रदर्शन है। हिन्दुत्व के नाम पर भूलभूलैया निर्माण करनेवाला है। युवा दोस्तो, आप बहुसंख्य पाठक हिन्दू ही होंगे। अतः प्रस्तुत कथित हिन्दुत्व की पुकार हिन्दू हित की है या अहित की? धर्म का मूल्य बढ़ाने की या स्वयं का मतलब चाहनेवाली? सोचो और मुझे लिखो भी।

आपका विवेकसाथी
नरेंद्र दाभोलकर

अविवेक की कालिमा

प्यारे युवा दोस्तो और सहेलियो,

सात सौ साल पहले सन्त ज्ञानेश्वर ने कहा था, 'ये अविवेकाची काजळी फेडोनिया विवेकदीप उजळी' अर्थात् यह अविवेक की कालिमा दूर कर विवेक का दीप प्रकाशमान करो। मुझे आज इसका स्मरण हुआ। कारण था भारत-पाकिस्तान विश्व चशक यानी वर्ल्ड कप क्रिकेट प्रतियोगिता के अन्तर्गत होनेवाला मुक़ाबला। मुझे पता है, यह सुनते ही कुछ लोग चौंक जाएँगे, कुछ नाराज़ होंगे, कुछ ग़ुस्सा करेंगे तो कुछ क्रोध से खौल भी उठेंगे। लेकिन आँखों का परदा हटाने का सम्बन्ध केवल भूत, भानमति, पाखंडी बाबा से ही नहीं। वह है विवेकशील बनने के सन्दर्भ में और विवेक बहुत कुछ लोकप्रिय बात नहीं। अत: उस पक्ष में बोलना मतलब अपने हिस्से लोगों की नाराज़गी मोल लेना है लेकिन उसे सहना भी पड़ेगा मुझे इसका पूर्वानुमान है।

खेल प्रतियोगिताओं का प्रचलन विभिन्न कारणों से आपसी बिगड़े हुए सम्बन्ध सुधारने के लिए हुआ। खेलते समय सब कुछ दाँव पर लगाकर लड़ना और हार अथवा जीत दोनों समान मानकर खिलाड़ी वृत्ति से उसे स्वीकारना तो खेल का अभिन्न हिस्सा है। लाखों दर्शकों को खेल का आनन्द दिल खोलकर लेना चाहिए। अपनी स्वदेशी टीम को प्रेरित भी करना चाहिए लेकिन विदेशी टीम बढ़िया खेली तो मन का बड़प्पन दिखाकर उनकी भी तारीफ़ कर स्वयं का खिलाड़ीपन दिखाना चाहिए। इन सब बातों को क्रीड़ा प्रतियोगिता में अनिवार्य ही माना जाता है। लेकिन दिन ब दिन हम इस प्रवृत्ति से दूर जा रहे हैं। विश्व चशक क्रिकेट प्रतियोगिता ने इस बात का एहसास करा दिया और भारत-पाक मुक़ाबले में तो उसकी चरमसीमा मिली।

आरम्भ से ही विश्व चशक प्रतियोगिता के आयोजकों पर प्रायोजकों और विज्ञापनों का प्रभाव स्पष्ट था। प्रतियोगिता के कारण वातावरण स्वस्थ होने की अपेक्षा बाज़ारू होता गया लेकिन अपरिहार्य रूप में उसको नज़रअन्दाज़ करना पड़ा। मुक़ाबलों के वर्णन से अख़बारों और अन्य जनसंचार माध्यमों की अतिरिक्त जगह व्याप्त हो रही थी। भारत-पाक मुक़ाबला आरम्भ होने तक वातावरण चरम सीमा तक पहुँच गया (वास्तविक रूप में पहुँचाया गया)। समाचारों के शीर्षक में मैदान का उल्लेख युद्ध भूमि और मुक़ाबलों का उल्लेख धर्मयुद्ध के नाम से किया गया। मुक़ाबले के दिन अधिकांश देशप्रेमियों ने अघोषित बन्द घोषित किया था। दसवीं और बारहवीं की परीक्षाएँ निरर्थक बन चुकी थीं। देश का बजट गौण बन चुका था। हिमाचल प्रदेश चुनाव के महत्त्वपूर्ण राजकीय नतीजों का भी कुछ महत्त्व नहीं रहा था। भारत-पाक मुक़ाबला पूरा अवकाश व्याप्त करनेवाली बात बन चुकी थी। मीडिया के बिछाए हुए जाल में भारतीय दर्शक धीरे-धीरे फँस चुका था, और उसे ऐसा कहना बिलकुल पसन्द नहीं था। किसी भी हाल में यह मुक़ाबला जीतना भारतीय मानसिकता के लिए, विश्व चशक जीतने की अपेक्षा अधिक महत्त्वपूर्ण बन चुका था। स्वाभाविक रूप में उपवास करने से लेकर यज्ञ तक सभी बातों का आधार लिया गया। विभिन्न समूहों में लोग मुक़ाबला देख रहे थे। बहुत सी जगहों पर 10-15 मिनटों बाद 'पाकिस्तान मुर्दाबाद' के नारे लगाए जा रहे थे। सचिन के आकर्षक शॉट्स का स्वागत 'पाकिस्तान को गाड़ दो' आदि नारों से होता था। मुक़ाबला जीता गया तो उसका वर्णन बड़े-बड़े नेताओं ने 'महाशिवरात्रि को शंकर जी ने तीसरी आँख खोली और पाकड़ों को पराजय की अग्नि में जलाकर भस्म कर दिया' इस प्रकार किया है। विजयी होने पर बेहोशी में जुलूस निकाले गए। उसमें राष्ट्रीय तिरंगे से गेरुए ध्वज अधिक थे।

भारत-पाकिस्तान राजकीय सम्बन्धों का बीते दो सालों का इतिहास इस प्रकार है कि यह सब कुछ सामान्य व्यक्ति को स्वाभाविक महसूस होता है। सुखद लगता है। लेकिन ऐसा लगना क्या विवेकशील है? विजय पश्चात् राष्ट्रभक्ति की भावना का उद्रेक हुआ ऐसा माना जाता है। लेकिन सवाल यह उत्पन्न होता है कि जिन अंग्रेज़ों ने इस देश पर 150 साल शासन किया, इस देश को लूट लिया, कई देशभक्तों को फाँसी पर लटकाया, कइयों को जेल में डालकर उनके परिवार की बर्बादी की, उन पर इसके पहलेवाले मुक़ाबले में

बेहतरीन विजय प्राप्त करने के बाद भी राष्ट्रभक्ति की भावना का यह आवेश बिलकुल क्यों नहीं दिखा? इसका सरल अर्थ है कि मुक़ाबले के पश्चात् का जश्न एक विद्वेषी भावना की अभिव्यक्ति थी।

युवा दोस्तो, जिस हेतु प्रतियोगिताएँ आयोजित करनी हैं, खेल-संस्कृति की तारीफ़ करनी है उस मूल उद्देश्य को ही इस मुक़ाबले द्वारा अनजाने में सेंध लग चुकी है। खेल के माध्यम से खिलाड़ी और दर्शक में खेल भावना बढ़ने की अपेक्षा बैर अधिक व्यक्त हुआ। भारत-पाक में इस प्रकार तीन प्रतियोगिताएँ होती हैं और उनमें से दोनों ने एक-एक जीता तो तीसरे मुक़ाबले के समय देशभर में किस प्रकार का माहौल बनता है यह ध्यान में आ सकता है। यह जो हो रहा है इस बारे में आँखें खोलकर देखना ज़रूरी है या नहीं? विवेकशील वृत्ति के साथ यह व्यवहार सुसंगत है या विसंगत? खेल का मूल उद्देश्य इसके द्वारा सफल होता है या विफल? युवा दोस्तो, क्या लगता है वह खुले दिल से लिखिए। आपके ख़त का इन्तज़ार है।

आपका विवेकसाथी
नरेंद्र दाभोलकर

विद्धेष को विवेक से पराजित करेंगे

प्यारे युवा दोस्तो ओर सहेलियो,

बीते कुछ दिनों से मैं बहुत अस्वस्थ हूँ। वजह है भयभीत, सुन्न दिमाग़ को चकरानेवाला पिछला पखवाड़ा। आँखों का परदा हटाना मतलब विवेकशील होना, खुली आँखों से देखना, घटनाओं का कार्य-कारण भाव समझ लेना, आत्मज्ञान जगाना, जाति, धर्म, पंथ इससे परे जाकर मानवता का व्यवहार करना। संक्षेप में, विवेकता से जीना। और हो क्या रहा था अपने आस-पास?

राम की सेवा कर वापस निकले भक्तगणों के रेल के डिब्बे अमानुषता से जलाए गए। अत्यन्त निंद्य घटना थी। फिर आरम्भ हुआ एक प्रचंड प्रत्याघात। अमानुष, व्यापक, मानवता को शर्मिंदा करनेवाला। इन सब घटनाओं पर धार्मिक बहुसंख्य लोगों की प्रतिक्रिया थी, "बहुत हो चुका अब, सहनशक्ति के परे जा चुका है। एक बार अन्तिम फ़ैसला हो ही जाने दो, हमेशा के लिए सबक सिखा दो इन लोगों को और पाकिस्तान को भी।"

दोस्तो, आप में से बहुत से लोगों के मन में भी इसी प्रकार तूफ़ान आया होगा। थोड़ा शान्त विचार कीजिए, इसके अर्थ क्या होते हैं?

पाकिस्तान के साथ आर-पार की लड़ाई करने की भाषा अपने देश में बहुत से लोगों को आकर्षित करती है। पाकिस्तान भारत के साथ उपद्रवी (यह शब्द भी अधूरा होगा) व्यवहार करता है यह सच ही है। लेकिन आज के विश्व में युद्ध करके एकाध देश जीत लेना क्या सम्भव है, इस बारे में सोच-विचार करना ज़रूरी नहीं? पाकिस्तान के साथ प्रेमपूर्वक व्यवहार करनेवाली जागतिक महासत्ता अमरीका है क्या इसे हमें भूलना चाहिए? दोनों देशों के पास अच्छे अस्त्र-शस्त्र होने के कारण इस प्रकार आर-पार की लड़ाई हुई तो दोनों देश एक

साथ पराजित होंगे और दोनों देशों का हमेशा के लिए नुकसान होगा यह बात ध्यान में आनी चाहिए या नहीं?

मुसलमानों को सबक सिखाने का आग्रह इस देश में हमेशा किया जाता है। मतलब क्या करना है?

—इस देश में स्थित बारह करोड़ मुसलमान देश के बाहर निकाल देना है?

—उन्हें नष्ट कर देना है?

—उनकी राष्ट्र निष्ठा सन्देहात्मक मानकर उन्हें गौण नागरिकत्व देना है?

बीमारी से उपाय अधिक महाभयानक इस प्रकार का यह स्वरूप है। थोड़ी-सी वैचारिक क्षमता जिसके पास होगी उस व्यक्ति को इस प्रतिपादन के पीछे रहा अन्धापन समझ में आएगा।

सच कहें तो अपना शत्रु आज बहुत ख़ुश होगा। धर्मांध आतंकवादी इस देश में भेजते रहने की अब उन्हें ज़रूरत ही क्या है? देशबंधु ही जिस राष्ट्र में धर्मांधता से एक-दूसरे के विरोध में आतंकवादी बनते हैं वहाँ बाहर से हमला करने की क्या ज़रूरत है?

जैसे को तैसा इस न्याय से हमने कमाया कुछ भी नहीं लेकिन गँवाया बहुत।

सहिष्णु लोगों के शान्ति प्रेमी राष्ट्र भारत की यह प्रतिमा टूट गई। विश्व भर फैले हुए भारतीय इस वजह से हैरान हो गए। भारत में होनेवाला विदेशी निवेश भी आशंकित हो गया। बहुत गहरा और दीर्घकाल तक न भरनेवाला एक ज़ख़्म हुआ। केवल आठ दिनों में ढाई हज़ार करोड़ का नुकसान हुआ।

विनोबा जी का एक वाक्य है, अच्छी बातों का व्यस्त (उलटा रूप) भी उतना ही घातक होता है। उनका दिया हुआ उदाहरण इस प्रकार है—ताज़ा फलों के जितना कुछ भी स्वास्थ्यवर्धक नहीं है और सड़े हुए फलों के जितना कुछ भी स्वास्थ्य हानिकारक नहीं है। धर्म का भी यही प्रकार है। नैतिकता, मानवता की राह जानेवाली धार्मिकता धर्म का मंगल रूप है तो प्रतिशोध की राह जा रही धार्मिकता धर्म न होकर धर्मांधता है। पवित्र धर्म भावना का विडंबन करनेवाली अमंगलता है। उससे केवल विनाश का उद्‌भव होता है जिसका इशारा महात्मा गांधी ने बहुत पहले ही दिया था। बापू ने कहा था, "दाँत के लिए दाँत और आँख के लिए आँख इस न्याय से पूरा मानव समाज दंतविहीन और अन्धा हो जाएगा।" (Tooth for tooth and Eye for eye will make the all human rare toothless and blind.)

विवेकशील बनना मतलब अन्धत्व का पटल स्वप्रयत्नों से दूर करना। जाति-धर्म से परे जाकर एक-दूसरे का हाथ प्यार से थामकर एकता से, भारतीयता से, मानवता से जीना।

प्यारे युवा दोस्तो, वर्तमान युग में कब नहीं थी इतनी, इन विचारों की और आचार की ज़रूरत? करोगे ना विचार?

आपका विवेकसाथी
नरेंद्र दाभोलकर

श्री प्रशान्त गणपतराव गावडे
द्वारा—ज़िला उपभोक्ता शिकायत निवारण मंच,
सांगली

डॉ. नरेंद्र दाभोलकर जी को सस्नेह नमस्कार

आपकी किताब 'जागो...आँखों का परदा हटाओ!' (ठरलं... डोळस व्हायचंच!) ध्यान से, मस्तिष्क शान्त रखकर, तटस्थता से पढ़ी। प्रस्तुत किताब के बारे में मेरे कुछ मत हैं जिन्हें मैं इस पत्र के माध्यम से आप तक पहुँचा रहा हूँ।

आपकी विभिन्न रचनाओं में से मैं पहली ही किताब पढ़ रहा था। प्रस्तुत किताब में आपने जिस मार्मिकता से अन्धविश्वास का कड़ा विरोध किया है, इस प्रकार का विरोध मैं पहली बार ही देख रहा हूँ। अन्यत्र इसके पूर्व मैंने इस प्रकार का विरोध नहीं देखा। इस प्रकार का लेखन नहीं पढ़ा। प्रस्तुत किताब पढ़ने के पूर्व मेरा भी देव, दैव, नसीब, प्राक्कथन, प्रारब्ध, पूर्व-संचित, कर्म, पुनर्जन्म, जप-नामस्मरण, व्रत-उपवास, कुंडली, वास्तुशास्त्र, रत्न, पोथी-पुराण, स्वर्ग-नरक आदि बातों पर प्रचंड विश्वास था। प्रस्तुत किताब पढ़कर मन/बुद्धि पर जमा हो गए अन्धविश्वास के जाल दूर होने के लिए मेरी मदद हो गई। उस हेतु मैं आपका आभारी हूँ। तथापि, मन/बुद्धि पर बैठी हुई इन परम्परागत बातों का प्रभाव इतना ज़बरदस्त था कि मेरा मन ही, कुंडली ग़लत कैसे? वास्तुशास्त्र पाखंड कैसे? आदि बातों के कार्यकारण भाव की माँग कर रहा था। यही तकलीफ़ अन्य युवाओं को/पाठकों को भी हो रही होंगी, जो पहली बार पढ़ रहे होंगे। कुछ लोगों ने आपकी किताब पढ़ना छोड़ दिया होगा, कुछ लोगों का पढ़ना जारी

होगा, कुछ मेरे जैसे ही इसमें से बाहर निकलने की कोशिश में होंगे। लेकिन अभी भी विज्ञान के बारे में अज्ञानी होने के कारण उपर्युक्त अन्धविश्वास ग़लत कैसे, इसे ढूँढ़ने में मशगूल होंगे।

मुझे लगता है प्रस्तुत किताब के लेखन का और विस्तार होना ज़रूरी है क्योंकि मेरे जैसे बहुत से युवक प्रस्तुत किताब या आपकी अन्य किताबों को पहली बार पढ़ रहे होंगे। स्वाभाविक रूप में, इसके पूर्व उनके मन/बुद्धि पर अन्धविश्वासों का गहरा प्रभाव होगा। ऐसे में किताब, वह भी विस्तृत लेखन के अभाव में आधार/दृष्टांतों के अभाव में होगी तो उस गहरे प्रभाव को दूर कर पाना असम्भव है। अत: उस हेतु प्रस्तुत पुस्तक का लेखन विस्तृत करें मतलब यह कि उदाहरण के तौर पर 'फल ज्योतिषशास्त्र की अशास्त्रीयता' लेख में ज्योतिषशास्त्र शास्त्र नहीं है, उसे विज्ञान का आधार नहीं है ऐसा जब आप कहते हैं तब विज्ञान का आधार कैसे नहीं है अथवा ज्योतिषशास्त्र पाखंड कैसे है, इसे समझा देने की ज़िम्मेदारी लेखक की ही है (शायद अपने कार्य एवं व्याख्यान द्वारा आपने यह किया हो लेकिन किताब में वैसा दिखाई नहीं देता। इसलिए पत्र में लिखना पड़ा)। अन्यथा विरोध किया ऐसा ही किताब में दिखाई देगा और प्रस्तुत किताब लेखन का उद्देश्य निरर्थक होगा। उदाहरण देना होगा तो अपनी पत्नी को मैंने प्रस्तुत किताब पढ़ने के लिए दी तो उसने मुझे पहले यही पूछा कि लेखक कहते हैं समाज में स्थित कुंडली, वास्तुशास्त्र, वैभवलक्ष्मी व्रत आदि अन्धविश्वास हैं, पाखंड हैं लेकिन उसका आधार क्या है? उस समय मैं बिलकुल निरुत्तर हुआ और मैंने इन तथ्यों को आपकी किताब में ढूँढ़ने का यत्न किया। चर्चित आलेख में आपने भी कुंडली कैसे मिथ्या है इस सम्बन्ध में कार्यकारण भाव बताया नहीं है। साथ ही अन्त में आपने पाठकों को ही ज्योतिषी के पास जाकर उसकी जाँच-पड़ताल करने के लिए कहा है।

अत: आपसे अनुरोध है कि प्रस्तुत किताब का आनेवाला संस्करण प्रकाशित करने के पूर्व कृपया आवश्यक स्थलों पर अन्धविश्वास का कार्यकारण भाव किस तरह ग़लत है यह समझाकर दीजिए और उस सम्बन्ध में दृष्टांत भी दीजिए।

आपका स्नेहांकित
प्रशान्त गणपतराव गावडे

बहुत से लोगों के मन में किताब पढ़ने के पश्चात् उपर्युक्त प्रश्न आ सकते हैं। प्रस्तुत किताब अख़बारों में प्रकाशित लेख स्तम्भ स्वरूप में तैयार हुई है। अतः प्रस्तुत लेखन में शब्द संख्या की बड़ी सीमाएँ रहती हैं। विषय के प्रतिपादन में भी वह स्वाभाविक रूप में दिखाई देती है। यहाँ लिखित सभी विषयों के उत्तर विस्तार से मेरी अन्य किताबों में पाठकों को निश्चित प्राप्त होंगे।

—नरेंद्र दाभोलकर

साथी हाथ बढ़ाना

महाराष्ट्र अन्धविश्वास उन्मूलन समिति का कार्य अब विवेकशील विचारों का आन्दोलन बन चुका है। समिति पूर्णत: जन आधार पर कार्य करती है। अत: आपकी मदद आवश्यक है। उसका व्यय उचित होगा, इस बारे में आप बेफ़िक्र रहिए।

मदद 'महाराष्ट्र अन्धश्रद्धा निर्मूलन समिति, महाराष्ट्र' इस नाम से भेजिए। देय राशि 80 G के अन्तर्गत आयकर मुक्त है।

स्वयं की सम्भावनाओं के अनुसार किसी भी स्वरूप में कार्य करने की इच्छा रखनेवालों का स्वागत है।

सम्पर्क : महाराष्ट्र अन्धश्रद्धा निर्मूलन समिति, मध्यवर्ती कार्यालय परिवर्तन, सहयोग अस्पताल, सदर बाज़ार, सतारा।